ひふみんの ワクワク 子ども詰め将棋
1手詰め＋3手詰め

加藤一二三 著

実務教育出版

はじめに

　私が初めて詰め将棋の本を読んだのは、小学4年生のときでした。すばらしい順で玉を詰めたその問題が、実に鮮やかに感じられました。その感動は、いまでも覚えています。

　みなさんにはこの本で詰め将棋に接していただくわけですが、詰め将棋から将棋の面白さ、鮮やかさを感じ取ってもらえたらうれしく思います。「詰め将棋って面白い」と、思ってもらえたら、これに勝る喜びはありません。

　本書は詰め将棋の問題の前に、駒の動かし方など、将棋の基本的なルールも紹介しています。

　将棋を始めたばかりだと、ルールを覚えたあとどう進めていいかとまどう人が多いというのが、長年にわたって将棋とともに生きてきた私の実感です。

　将棋というゲームの目的は「玉を詰ます」ことです。わかりやすく言いますと、相手の王様を取る（これを「詰み」といいます）と勝ちになります。

　ルールを覚えたばかりの人が戸惑うのは、ゲームの目的である「詰み」までをどのように進めていいかわからない、ということのようです。

　その「詰み」の形を覚えるのに最適なのが、詰め将棋です。

「習うより慣れろ」ということわざがありますが、詰め将棋に繰り返して触れることで、だんだんと「詰み」の形を覚えることができます。

「この形は詰みだ」ということが一目でわかれば、アマチュア初段の実力はあるでしょう。初段というとものすごく高い壁のようですが、詰め将棋を何度も解いていれば、さほど難しいものではありません。

なぜかというと、詰め将棋には「いい手」しかないからです。あまりよくない手では正解できませんが、繰り返して正解を覚えることは、いい手を覚えることにつながります。

「いい手」とはつまり、一種の芸術です。こういうすばらしいものに触れていると、詰め将棋ではなく、２人で指す実戦にも生きてきます。

「きれいな指し方で相手の玉を詰まそう」という考え方は、頭を活性化させます。

ぜひ、詰め将棋にチャレンジしてください。まずはリラックスして、楽しむ気持ちでいきましょう。

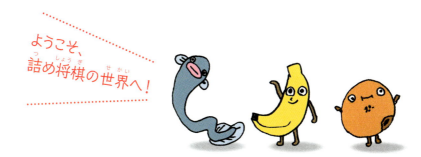

ようこそ、詰め将棋の世界へ！

ひふみんのワクワク子ども詰め将棋

もくじ

はじめに ……… 2

コラム 将棋盤と駒 ……… 6

第1章 詰め将棋のきほん

きほん1：「将棋」ってなに？ ……… 8

きほん2：「詰め将棋」ってなに？ ……… 10

きほん3：「駒の種類と動かしかた」、教えて！ ……… 12

玉将 ……… 13

飛車 ……… 14

角行 ……… 15

金将 ……… 16

銀将 ……… 17

桂馬 ……… 18

香車 ……… 19

歩兵 ……… 20

きほん4：駒を「成る」ってなに？ ……… 21

きほん5：「将棋のルール」を教えて！ ……… 22

きほん6：「詰み」ってなに？ ……… 23

きほん7：「将棋の反則」を教えて！ ……… 26

きほん8：「詰め将棋のルール」を教えて！ ……… 29

きほん9：将棋教室の意義 ……… 31

コラム　私が長く戦えた理由 ……… 32

第2章　1手詰めに挑戦！

コラム　将棋の段・級 ……… 116

第3章　3手詰めに挑戦！

コラム　新聞と将棋の関係 ……… 200

あいうえお順・将棋の用語集 ……… 201

コラム
将棋盤と駒

　将棋のルールを覚えて、「さあ指そう」というときに必要なものが将棋盤と駒ですね。
　プロ棋士が使う将棋盤と駒には数百万円という非常に高価なものもありますが、このような芸術品は必要ありません。ホームセンターやおもちゃ屋で売っている簡単なもので十分です。合わせて数千円ですから、お小遣いの範囲で買えますし、コンビニエンスストアなどで売っている折り畳み式のマグネット盤ならば、千円以下のものもあります。
　最近は、ゲームソフトやパソコンで将棋を指すこともできますが、実際に盤に駒を並べて指すことをおススメします。自分で駒を手に取って指していくことで、独自の感覚が身についていくものです。
　もし、高い盤や駒がほしくなったら、それはそれで素晴らしいことです。「高価なものを大切に使うことで、より真剣に将棋に打ち込む」と昭和の大棋士である、大山康晴十五世名人も仰っていました。

第 1 章

詰め将棋のきほん

「将棋」ってなに？

　藤井聡太七段の活躍などから、世間的に将棋が大きく注目されるようになりました。でも、そもそも将棋ってなんだろう？　と疑問を持つかたも多いと思います。

　将棋とは2人で遊ぶボードゲームの一種で、「将棋盤」と「駒」を使います。1面の将棋盤の上に駒を並べて、ルールの通りに動かし、相手の「玉（玉将・王将）」を取ると勝ちになります。駒の動かしかたなどのルールについては、あとのページで説明していきます。

　将棋がいつできたのかは、大昔のためわかっていませんが、古代インドの「チャトランガ」というゲームが元で、それが西洋に伝わって成立したのがチェス、中国やタイをへて、日本で成立したのが将棋とされています。平安時代の遺跡からも、将棋の駒が発見されています。記録に残るものではもっとも古いものです。

　日本に伝わってからも、ルールなどは変わっていきましたが、江戸時代の初期には現在と同様のルールになったと考えられています。

第1章 詰め将棋のきほん

2016年のクリスマスイブに行われた、私と藤井聡太七段の対局

古代インドで生まれたチャトランガ

日本最古の将棋の駒

将棋のルーツはインドにあった！

古代インドで生まれた「チャトランガ」がルールを変えてヨーロッパのチェスや中国のシャンチー、そして日本の将棋になったといわれています。

「詰め将棋」ってなに?

　では、詰め将棋とはなんでしょう。詰め将棋とは「将棋に強くなるための勉強方法の１つ」と言えると思います。

　将棋（詰め将棋と区別して「本将棋」とも言います）は２人で楽しむゲームですが、詰め将棋は１人で考えるものです。相手と自分の両方に玉がある通常の将棋とは異なり、詰め将棋は相手側（「玉方」と言います）にしか玉がありません。自分側（「攻め方」と言います）の駒を使って、相手の玉を取ることを目指します。

　自分側の駒の動かし方だけでなく、相手側がどう逃げるか、ということも考えなければいけないのが詰め将棋の特徴です。これを繰り返し考えることで、玉の取り方がだんだんとわかってくるのです。

　詰め将棋は「玉を取る」という将棋の目的を達成するための、テクニックを磨く勉強と考えてください。勉強というと堅苦しいかもしれませんから、パズルのようなものと言ったほうがいいかもしれません。

　２人で一緒に楽しむゲームとはまた違った、１人でも楽しみながら解けるパズルの面白さを、ぜひ知ってほしいと思います。

第1章 詰め将棋のきほん

詰め将棋には、正解の手順があります。

- 1手詰め
  1手指して王手＝詰み
- 3手詰め
  [攻め方]
  1手指して王手
  ↓
  [玉方]
  1手指して玉を守る
  ↓
  [攻め方]
  1手指して王手＝詰み

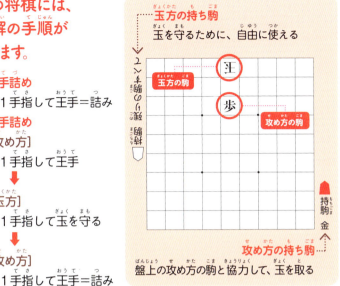

　詰め将棋には、玉を取るための正しい順番があります。1番短いのは1手で、これは攻め方が1手動かして王手をかけると、玉の動ける場所がなくなり、詰みとなります。これを1手詰めと言います。

　次に短いのが3手詰めで、攻め方が1手目を指す、玉方が2手目で王手を防ぐ、攻め方が3手目で詰ますという進行です。同じ流れで5手詰め、7手詰め…と手順が長くなり、難しくなっていきます。

　長いものですと、100手を超えるものも珍しくありません。もっとも長いものでは、1525手というとてつもない長さの詰め将棋もあります。

きほん 3

「駒の種類と動かしかた」、教えて！

　将棋で使う駒は8種類のものが計40枚あります。それぞれ王将（2枚）飛車（2枚）角行（2枚）金将（4枚）銀将（4枚）桂馬（4枚）香車（4枚）歩兵（18枚）となっていて、それぞれ20枚ずつを将棋盤に図のように並べて、勝負を始めます。

次のページから駒の種類と動きを具体的に説明します！

玉将（略称・玉）

第1章 詰め将棋のきほん

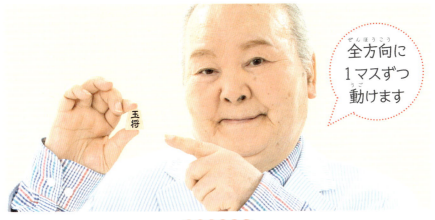

全方向に1マスずつ動けます

ひとこと特徴
これを取られたら負け、の総大将

もっと詳しく！

- 玉将は王将（略称・王）とも言います。玉の動き方は「周囲8マスの全方向に1マスずつ」となります。
- 将棋は玉を取るのが目標のゲームですから、この駒を取られてしまうとゲームオーバー。周りを他の駒で囲うことで取られにくくするのが、将棋が強くなるうえでの1つのコツです。
- また、相手の攻めてくる駒から逃げるのも有効なテクニックです。「玉の早逃げ八手の得」という格言もあります。

駒の動き

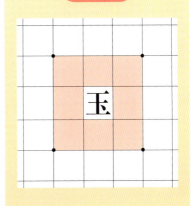

飛車（略称・飛）

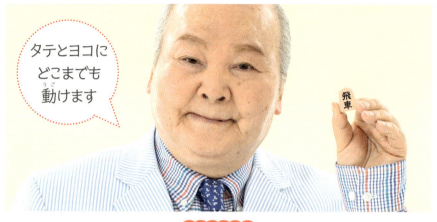

タテとヨコにどこまでも動けます

ひとこと特徴
将棋盤を縦横無尽に駆ける最強の駒

もっと詳しく！

- 飛車の動きかたは、「縦と横にどこまでも」となります。縦と横ならば1マスだけでも構いませんし、端から端まで8マス動くこともできます。ただ、駒を飛び越えることはできません。
- 将棋の駒でもっとも強い駒です。玉を取られてはいけないことは触れましたが、飛車も簡単に取られてしまってはまず勝てなくなります。
- 大きく動けるので、ここぞというところで使うのが強くなる第一歩です。

駒の動き

角行（略称・角）

第1章 詰め将棋のきほん

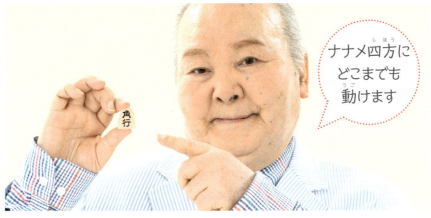

ナナメ四方にどこまでも動けます

ひとこと特徴
四方面をにらむ、神出鬼没の存在

もっと詳しく！

- 角行の動かし方は「斜め四方にどこまでも」となります。斜め四方なら1マスでも8マスでもOK。駒を飛び越えられないというのも飛車と同じです。
- ただ、前後と真横に進めないのが弱点で、飛車と比較すると玄人むけの駒と言えます。
- 斜めの筋は、縦横の筋とくらべると読みにくいので、気をつけましょう。
- 飛車と角行の2つの駒を「大駒」と言います。

駒の動き

金将（略称・金）

ナナメ後ろ以外のマスに動けます

ひとこと特徴
玉将の運命を決める、重要な駒

もっと詳しく！

- 金将の動かしかたは「斜め後ろを除いた周囲6マスに1マスずつ」となります。玉将と似ていますが、斜め後ろに動けないのが弱点です。
- 前と横はほぼカバーしていますが、後ろには動きにくいので、玉を守るために使うとよいでしょう。
- また、相手の玉を詰ますときにもかかせません。「金なし将棋に受け手なし」「金なし将棋に攻め手なし」という2つの格言もあります。

駒の動き

銀将（略称・銀）

第1章　詰め将棋のきほん

真横と真後ろ以外のマスに動けます

ひとこと特徴
軽快な動きをみせる、切り込み隊長

もっと詳しく！

- 銀将の動かしかたは「真横と真後ろを除いた周囲5マスに1マスずつ」となります。金将とくらべ、動けるマスの数が1つ少ないですが、後ろに2マス動けるので、こちらは行ったり来たりが簡単なぶん、攻めに使われることが多いです。
- もちろん、守備駒としても重要です。「玉の守りは金銀三枚」という格言もあります。
- 金と銀の動きの違いに気をつけましょう。

駒の動き

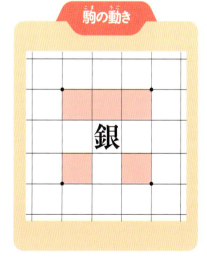

桂馬（略称・桂）

2マス前の左右に動けます

ひとこと特徴

駒を飛び越える、トリックスター

もっと詳しく！

- 桂馬の動かしかたは、ややわかりにくいかもしれませんが、図のように「2マス前の左右どちらか」となります。あいだに駒があっても飛び越えることができるのが、この駒の最大の特徴です。
- この特徴を生かした、多くのテクニックがあります。
- ただし、後ろには進めないため、あまりにホイホイ進めてしまうと、あっさり取られてしまうこともあるので注意しましょう。

駒の動き

香車（略称・香）

第1章 詰め将棋のきほん

前のマスなら
どこまでも
進めます

ひとこと特徴
前にどこまでも突き進む、一本槍

もっと詳しく！

- 香車の動かしかたは「前のマスならどこまでも」進めます。ただし後戻りはできませんし、斜めや横にも動けません。飛車と角行と同じく、駒を飛び越えることもできません。
- この前にどんどん進める長さを見立てて「槍」というニックネームを持っています。飛車や角行と同じく、遠くから相手をにらむのが効果的です。

駒の動き

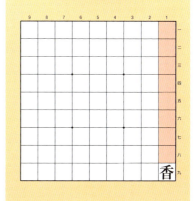

歩兵（略称・歩）

前に1マスだけ進めます

ひとこと特徴
弱い駒だとなめてかかると、痛い目にあう

もっと詳しく！

- 歩兵の動かしかたは「前に1マス」だけ。横や斜め、後ろには進めません。
- 最も弱い駒なのは確かですが、18枚と最も数の多い駒なので、うまく使えないと痛い目にあいます。また肝心な時に歩がなくてひどい目にあうということもしばしば。
- 金将、銀将、桂馬、香車、歩兵を「小駒」と言います。飛車と角の大駒に対応していますね。なお、玉将はこの2つにはわけません。

駒の動き

きほん4 駒を「成る」ってなに?

第1章 詰め将棋のきほん

　将棋盤の下の3段を自陣、上の3段を敵陣といいますが、飛、角、銀、桂、香、歩の6種類の駒は敵陣に進むと「成る」ことができます。「成る」と、駒を裏返しにして名前が変わり、パワーアップします。

　飛が成ると「竜王」（略称・竜）に変わり、飛の動きに加え、斜め四方の隣接する1マス、計4マスが動ける場所に加わります。角が成ると「竜馬」（略称・馬）に変わり、こちらは角の動きに加えて縦横の隣接する1マス、計4マスが動ける場所に加わります。銀が成ると「成銀」に、桂は「成桂」、香は「成香」、歩は「と金」に変わります。この4種類はいずれも金将と同じ動きができます。

　敵陣に入ったからといって、必ず成らなければいけないことはありません。また、敵陣にある成っていない自分の駒をさらに敵陣内で動かしても、成ることができます。また飛、角、銀は後ろに動くこともできるので、敵陣にある駒を4〜9段目に戻したときも成ることができます。いずれの場合も、成らなくてもかまいません。

　なお、一度成った駒を元の駒に戻すことはできません。また、玉将と金将は成ることができません。

「将棋のルール」を教えて!

　駒の動かし方と成りについて説明しましたが、将棋にはもう少しルールがあります。

　まず、最初の図面は12ページで紹介しましたが、そこから先手、後手の交互に1手ずつ動かしていきます。この動かすことを「指す」と言います。先手、後手は文字通り先に指すか後に指すかですが、これは「振り駒」という方法で決めます。歩を5枚、手に取り、手の中で軽く振った後に散らばせます。表が3枚以上出たら振った側の先手、裏が3枚以上ならば後手になります。難しければ、最初はじゃんけんなどで先手後手を決めてもいいでしょう。

　次に、「駒を取る」ことについて説明します。自分の駒が動ける場所に相手の駒がある場合は「取る」ことができます。取った駒は「持ち駒」と言い、自分の手番なら空いているマス目にいつでも置く(「打つ」と言います)ことができます。ただし、一度に2枚以上の駒を取ることはできませんし、また自分の駒を取ることもできません。

　将棋盤の升目は横を1~9、縦を一~九に分け、それぞれ「1一」「5五」「9九」のように読みます。

きほん6 「詰み」ってなに？

第1章 詰め将棋のきほん

図1の右側は、次に金で相手の玉を取れます。

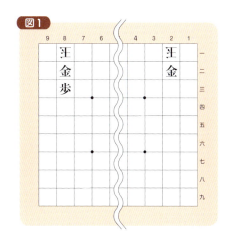

図1

次に相手の玉を取れる状態を「王手」と言います。王手が掛かったら、それを防がないといけません。王手をかけている駒を取るか、その駒の利き駒の動ける範囲から玉が逃げるかです。右側の場合は、玉で金を取ればよいのです。しかし左側の玉は金を取っても、次に歩で玉を取られてしまいます。他のマス目に動くのは金で取られます。このように、王手を防ぐことのできない状態を「詰み」と言います。将棋の目的は相手の玉を「詰ます」ことです。

きほん 6

図A
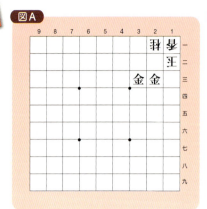

図B
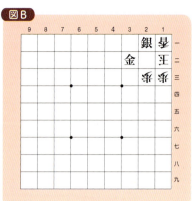

図C

図D
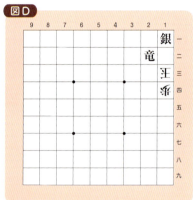

図E
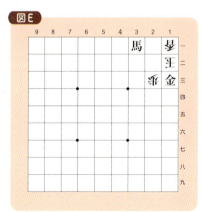

図F
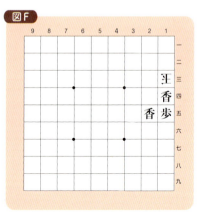

詰みにはいろいろな形があります。いくつか紹介しますが（図A～F）、いずれも相手の玉が動けなくなっていることを確認しましょう。

特に図2のように、味方の駒が桂一枚で詰ますこともできます。

これは玉の周りの駒が、守り駒ではなく、逃げ道をふさぐ邪魔駒になっています。

また、飛・角・香で離しての王手は利きの間に駒を打つなり進めるなりすることで防ぐこともできます。これを「合い駒」と言います。

図3を見てみましょう。

右は玉と竜の間に金を打ちました。これが合い駒です。しかし、左は金を打っても銀を打たれて詰まされてしまいました。金で銀を取ると、竜で玉を取られてしまうことを確認してください。

きほん7 「将棋の反則」を教えて!

将棋にはやってはいけない反則がいくつかありますので、紹介します。

1. 二歩

図4は2筋（2の縦ライン）に先手の歩が二枚あります。この形は「二歩」という反則です。縦の筋に歩を並べてはいけません。同じような形ですが、7筋は片方がと金です。この形は反則ではありません。

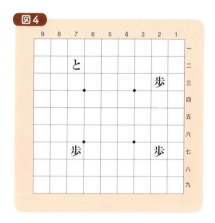

図4

2. 行き所のない駒

図5の駒はいずれも次に行くところがありません。このように、行き所のない駒を指してはいけません。

図6の5二にある歩も行き所がないようですが、こちらは5一の金が動けば、次に▲5一歩成と成ることができるため反則ではありません。もちろん▲5一歩不成と、駒を成らないのは反則です。

3. 打ち歩詰め

図7は▲1五歩と打てば詰みですが、最後に持ち駒の歩を打って詰ますのは「打ち歩詰め」という反則になります。

左側は▲9五歩と9六の歩を一つ突けば詰みです。こちらは「突き歩詰め」といい、反則にはなりません。

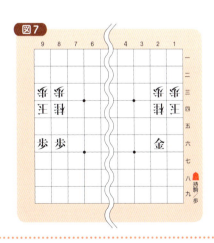

4. 自ら王手をかける

図8は▲7六歩と指せそうですが、これは△8八角成と玉を取られます。このように自分の玉に王手をかけさせてはいけません。

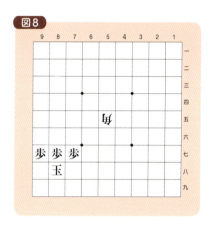

図8

5. 二手指し

相手の手番なのに指してはいけません。「二手指し」という反則です。反則は厳しくすると指した時点で負けとなりますが、皆さんがお友達と指す場合は、謝って元に戻してから、別の手を指すくらいでよいでしょう。

きほん 8 「詰め将棋のルール」を教えて!

第1章 詰め将棋のきほん

　詰め将棋には通常の将棋ルールに加え、独自のルールがあります。

1. 攻め方は王手の連続で攻める

　どういうことかと言いますと、攻め方は王手以外の手を指してはいけません。

2. 攻め方は最速の手順で詰ます

　単に王手をかけ続けるだけではなく、詰ますまでに最も短い手順を選ぶ必要があるということです。それ以外の順だと普通は詰まないのですが、万が一詰んでしまう迂回手順があった時は「余詰め」と言って、詰め将棋の問題としては正しい作品とはみなされません。

3. 玉方は最長の手順で逃げる

　攻め方とは逆に、玉方は最も詰みまでに手数がかかる順を選ぶ必要があります。想定している手順より早く詰んでしまうのは、逃げ方が間違っているので、正解の手順とは認められません。わざと、早く詰む順に逃げてはいけないということです。

4. 玉方は残りすべての駒を合い駒として使える

　詰め将棋の問題図に表記されているのは40枚のうちの

数枚ですが、玉方はそれ以外のすべての駒を持ち駒として使えます。具体的にどう使うかというと、飛・角・香で王手をかけられたときに合い駒として使えます。なお図面にはなくとも、もう一枚の玉は持ち駒にできないため、当然合い駒に打つこともできません。

5. 無駄合いはダメ

すべての駒を合い駒に打てるといいましたが、合い駒を打ってもすぐに取られて詰む局面では、詰め将棋のルールとしては合い駒を打てません。下の図を見てください。玉方は１二や１三に何か駒を打てば、一瞬は王手を防げますが、▲同香不成と取られて、意味がありません。このような合い駒を「無駄合い」といって、詰め将棋の手数には含めません。

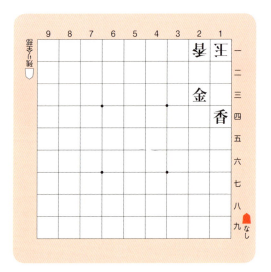

きほん9 将棋教室の意義

第1章　詰め将棋のきほん

　将棋盤と駒をそろえたら、まずはお友達などと指してみましょう。中には強い子がいて、なかなか勝てないかもしれません。

　そういうときの強い味方が、将棋教室です。強い先生が戦い方を教えてくれるので、すぐに強くなります。

　教室というと尻込みするかもしれませんが、怖い所ではありません。最近は子ども向けの将棋教室が増えています。あの藤井聡太七段だって、最初は近所の将棋教室に通って、強くなったのです。

　皆さんが住んでいる近くに将棋教室があればそれにこしたことはないのですが、見つからないときにどうすればよいのでしょう。

　日本将棋連盟のホームページには、日本各地の将棋教室を紹介しているサイトがあります。そちらを参考にして、皆さんが通うのにちょうどよい教室を見つけてはどうでしょうか。

　駒の動かし方から始める教室もありますので、興味を持たれたら、ぜひとも参加してみることをオススメします。

　もちろん、詰め将棋についても教えてくれます。

コラム
私が長く戦えた理由

　私は14歳でプロ棋士になってから、60年以上も戦い続けてきました。

　名人になった、多くの素晴らしい将棋を指したなど、長年の戦いでいろいろと将棋の歴史に貢献できたと思うことはあります。

　私の残した記録でいまだに通算1位なのが、対局数・2505局と敗戦数・1180敗です。2500を超える対局ができたのは長年にわたって健康を維持できたことによるもので、不戦敗が一度もないことは誇りです。

　また1180敗というのも、その数だけの敗戦を乗り越えてきたということです。勝負の世界はつねに勝ち続けられるわけではありません。失敗を恐れずにチャレンジし続けた結果が、この対局数につながったのだと思っています。

　これだけ戦い続けて来られた理由をもう1つ挙げるとするならば、将棋だけではなく、多くの素晴らしい芸術作品に接して、視野を広く持てたことでしょうか。

　モーツァルトのクラシック音楽などがそうですが、素晴らしい芸術作品に接した結果、私も棋士として、同じくらい素晴らしい棋譜を残せたと思っています。

第2章 1手詰めに挑戦！

まずは、いちばんやさしい1手詰めから始めましょう。1手詰めでは、自分の駒を何か1つ動かすと、相手の王様は動けなくなります。しかし、正しい手は1つしかないので、それをうまく見つけてください。

1手詰めと言っても、1つの手だけ考えればいいというものではありません。なぜその手が正しいのか、また間違いの指し手がなぜ間違いなのかということまで考え始めると、あっという間に考える指し手は10を超えるでしょう。

そう聞くと、大変だなと思うかもしれません。確かに簡単ではありませんが、多くのことを考えることで、頭がフル回転ではたらき、結果としてよい手につながるのです。

とはいえ、ルールを覚えたばかりの人では、1手を考えるのも難しいかもしれません。そういうときはどうするか。ページをめくってみましょう。答えと解説が書いてあります。えっ、いいの?と思うでしょう。でも、最初はそれでいいのです。詰め将棋は学校のテストではありません。答えを知ることで、そのうちにページをめくらずとも、頭のなかでいい手が浮かぶようになります。

私も将棋を覚えたばかりのころは、ページをめくったものでした。繰り返し触れることで、いい手・形を覚えるのが大切なのです。

では、リラックスして次のページからの問題にチャレンジしていきましょう。

第1問

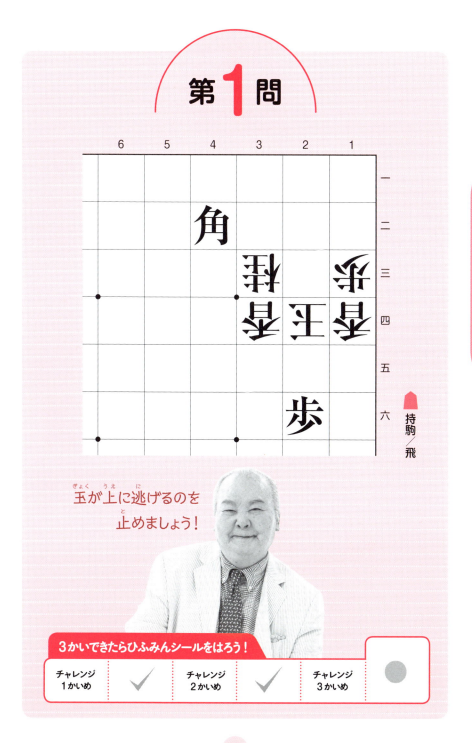

第1問のこたえ

▲2五飛まで

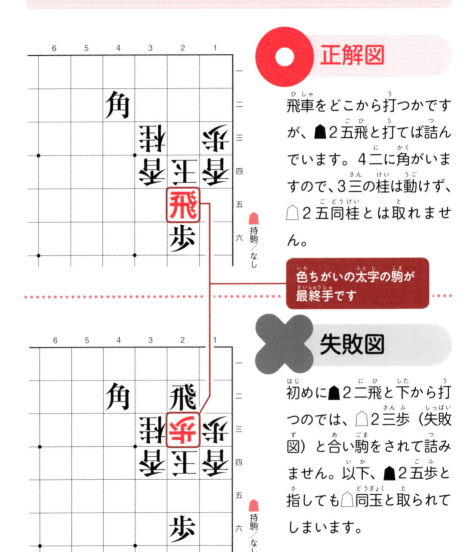

〇 正解図

飛車をどこから打つかですが、▲2五飛と打てば詰んでいます。4二に角がいますので、3三の桂は動けず、△2五同桂とは取れません。

色ちがいの太字の駒が最終手です

✕ 失敗図

初めに▲2二飛と下から打つのでは、△2三歩（失敗図）と合い駒をされて詰みません。以下、▲2五歩と指しても△同玉と取られてしまいます。

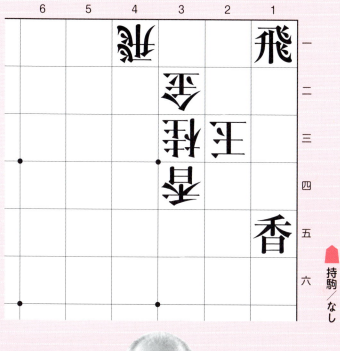

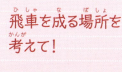

飛車を成る場所を考えて!

3かいできたらひふみんシールをはろう!

チャレンジ1かいめ	チャレンジ2かいめ	チャレンジ3かいめ

第2問のこたえ

▲1三飛成まで

⭕ 正解図

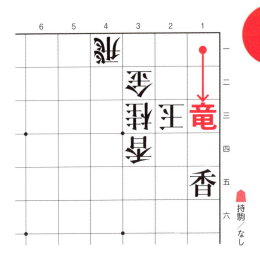

▲1三飛成（正解図）と玉の真横に飛車を成れば詰んでいます。△2二玉とも、△2四玉とも動けないことを確認してください。△1三同玉とも取れません。

❌ 失敗図

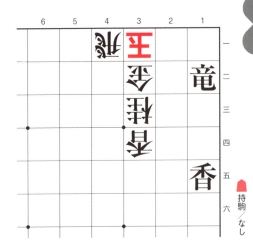

同じようでも▲1二飛成は△2四玉▲1四竜△3五玉で、また▲1四飛成は△2二玉▲1二竜△3一玉（失敗図）で詰みません。なお初手に▲1三香成もやはり△2四玉です。

第3問

大駒は離して打ちましょう

第3問のこたえ

▲3四飛まで

○ 正解図

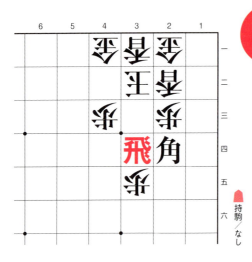

▲3四飛（正解図）と離して打てばよいのです。2四の角が利いていますので、△4二玉とは逃げられず詰みです。3三に合い駒を打つのは▲同飛成（角成）までの無駄合いです。

✕ 失敗図

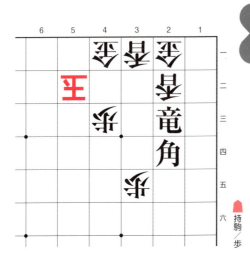

つい▲3三飛と打ちたくなりますが、△4二玉とかわされていけません。以下▲2三飛成も△5二玉（失敗図）で届きません。こうなると玉の右側が広く、まったく捕まりません。

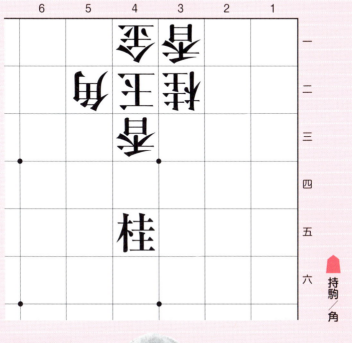

玉の逃げ場所を
考えましょう

3かいできたらひふみんシールをはろう！

| チャレンジ
1かいめ | | チャレンジ
2かいめ | | チャレンジ
3かいめ | |

第4問のこたえ

▲3三角まで

正解図

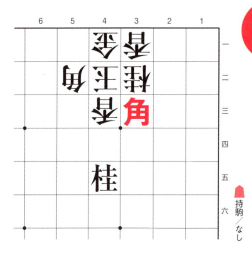

玉が狭いので、どこから角を打っても詰みそうですが、正解は▲3三角（正解図）のみです。対して△5一玉と逃げられないのが角の威力ですね。

失敗図

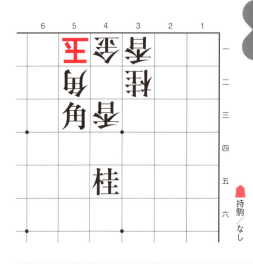

同じようでも▲5三角では△5一玉（失敗図）と逃げられます。なお問題図で▲1五角と打つのは△3三合ならば▲同角成までですが、△2四歩と打つ好手があり詰みません。

第2章 1手詰めに挑戦！

4一の金は動けません

3かいできたらひふみんシールをはろう！

| チャレンジ1かいめ | | チャレンジ2かいめ | | チャレンジ3かいめ | |

第5問のこたえ

▲3二金まで

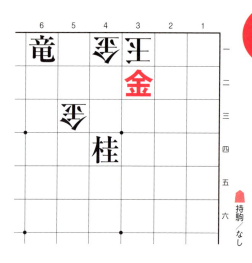

○ 正解図

4一の金が守備に利いているようですが、6一の竜が間接的に玉を狙っているので、この金は動けません。よって▲3二金（正解図）と打てば詰んでいます。

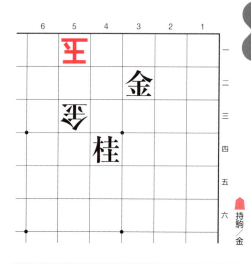

× 失敗図

なお、問題図から▲4一竜△同玉▲3二金と追うのは△5一玉（失敗図）で詰みません。5三の金がよく利いているので、▲5二金は△同金と取られてしまいます。

第6問

香車の利きを活用しましょう

3かいできたらひふみんシールをはろう!

| チャレンジ1かいめ | | チャレンジ2かいめ | | チャレンジ3かいめ | |

第6問のこたえ

▲4一銀まで

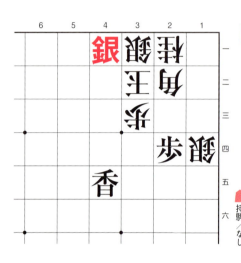

○ 正解図

▲4一銀（正解図）と、こちらから打てば、玉の行き場所がなくなっていることを確認してください。△2三玉とは逃げられませんし、4筋のどこにも動けません。

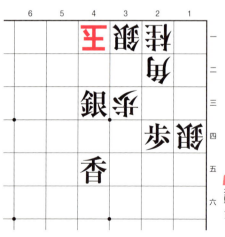

✕ 失敗図

▲2三銀は△同銀と取られて詰みません。となると香車の利きに銀を打つのですが、▲4三銀では△4一玉（失敗図）と逃げられてしまいます。

第7問

守備の桂馬に注意しましょう

3かいできたらひふみんシールをはろう！

| チャレンジ 1かいめ | | チャレンジ 2かいめ | | チャレンジ 3かいめ | |

第7問のこたえ

▲5四角まで

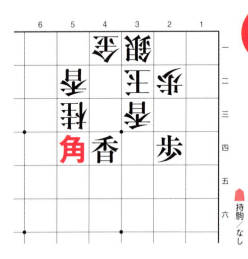

◯ 正解図

▲2三角や▲2一角では打った角を取られます。また▲1四角も△2三香でダメです。正解は▲5四角（正解図）だけです。△4三に合い駒を打つのは▲同角成までの無駄合いです。

✕ 失敗図

問題図から▲4三角と近づけて打つのは△4二玉と逃げられてしまいます。以下、▲5四角成としても△5一玉とされ、▲4一香成△同玉（失敗図）で詰みません。

第8問

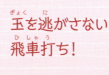

玉を逃がさない飛車打ち！

3かいできたらひふみんシールをはろう！

| チャレンジ1かいめ | | チャレンジ2かいめ | | チャレンジ3かいめ | |

第8問のこたえ

▲3四飛まで

正解図

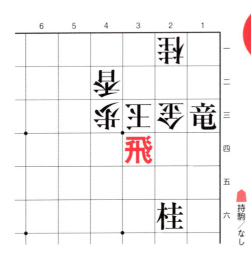

つい1三の竜を逃げたくなる局面ですが、逃げる前にもっと良い手がないかを考えましょう。▲3四飛（正解図）と打てば1三の竜が大きく詰みです。

失敗図

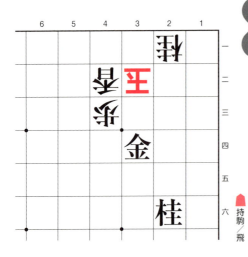

なお▲3五飛と離して打つと、△4四玉と逃げられてしまいます。また、▲2三竜は△同玉▲3四金に△3二玉（失敗図）で詰みません。

第9問

1二に玉を逃がさない！

3かいできたらひふみんシールをはろう！

チャレンジ1かいめ	チャレンジ2かいめ	チャレンジ3かいめ

第9問のこたえ

▲1四香まで

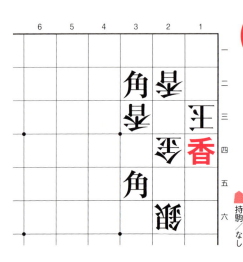

○ 正解図

ヒントの通り、△1二玉を許すと詰みません。ならば▲1四香（正解図）と打てば詰んでいます。まっすぐにならどこまでも利くのが香車の威力です。

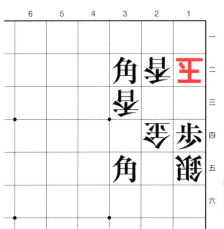

✕ 失敗図

▲1六香と離して打つのは△1五歩と合駒を打たれ、▲同香△同銀▲1四歩に△1二玉（失敗図）で詰みません。香車は遠くから打つほうがよいことが多いのですが、時には例外もあります。

第10問のこたえ

▲2二飛まで

 正解図

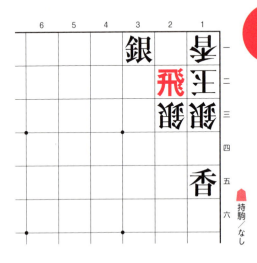

取れる銀には目もくれず、▲2二飛（正解図）と打てば詰んでいます。△同銀とはできず、▲1二香成と玉を取られてしまいます。なお▲4二飛と離して打つのは△3二歩で詰みません。

 失敗図

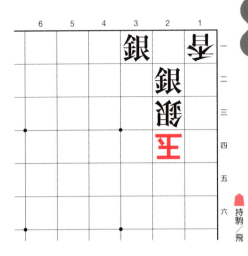

つい▲1三香成と銀を取りたくなりますが、△同玉▲2二銀打△2四玉（失敗図）と大海に玉を逃がしてしまいます。こうなると飛車1枚では、まったく詰みません。

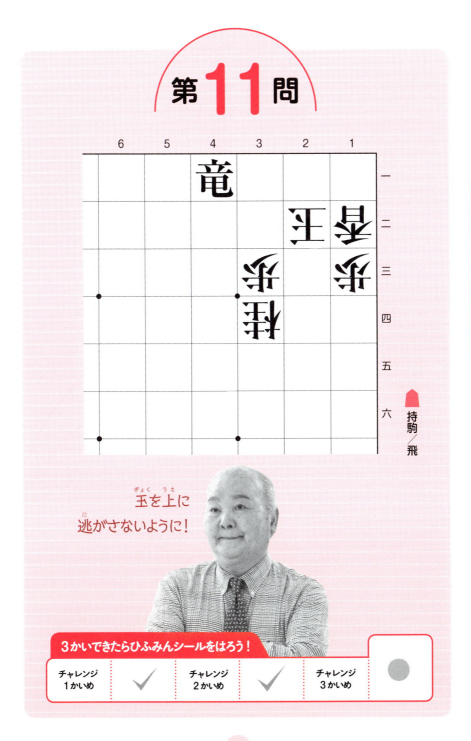

第11問のこたえ

▲2一飛まで

⭕ 正解図

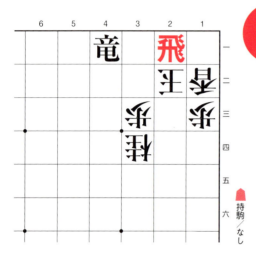

持ち駒の飛車をどこから打つかですが、上に逃がさないといっても、上から打つ▲2四飛では△2三歩で続きません。▲2一飛（正解図）で詰みです。

❌ 失敗図

横から打つ▲3二飛では△2三玉とされ、以下▲2一竜も△1四玉（失敗図）で届きません。△2三玉とされないために、どのような順を考えるかが大切です。

第12問

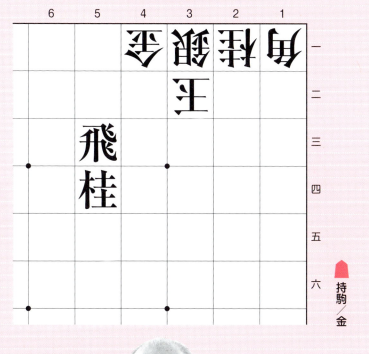

持駒／金

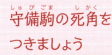
守備駒の死角をつきましょう

3かいできたらひふみんシールをはろう！

チャレンジ1かいめ	チャレンジ2かいめ	チャレンジ3かいめ

第12問のこたえ

▲2三金まで

  正解図

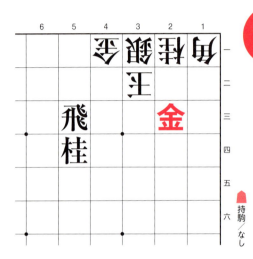

▲2三金（正解図）と打つのが守備駒の死角を突く一手で詰みです。▲4三金は△2三玉ですし、▲3三金は△同桂（角）と取られてしまいます。

 失敗図

なお問題図から▲4二桂成は△同玉ならば▲4三金までですが、△4二同銀と取られて▲2三金△3一玉（失敗図）で届きません。こうなると有効な王手がかかりません。

第13問

駒を取られない場所は？

第13問のこたえ

▲2一銀まで

正解図

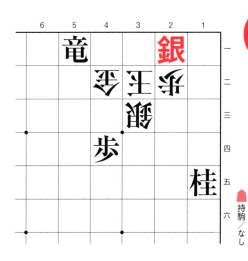

銀を王手に打てる場所は4つありますが、正解は▲2一銀（正解図）の1つだけです。これで玉が動けなくなっていることを確認してください。

失敗図

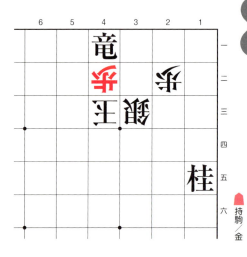

他の地点に打つのは、いずれも打った銀を取られてしまいます。たとえば▲4一銀は△同金で、以下▲4三歩成△同玉▲4一竜と迫っても、△4二歩（失敗図）で詰みません。

第14問

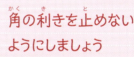

角の利きを止めないようにしましょう

3かいできたらひふみんシールをはろう！

| チャレンジ1かいめ | | チャレンジ2かいめ | | チャレンジ3かいめ | |

第14問のこたえ

▲3四金まで

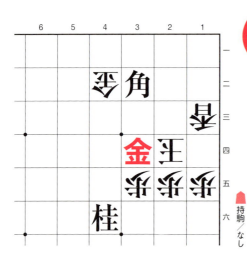

〇 正解図

▲3四金（正解図）と打てば詰んでいます。3二の角の利きがあり、△1四玉とは逃げられません。もちろん、△3四同玉と金を取ることもできません。4六の桂馬が利いています。

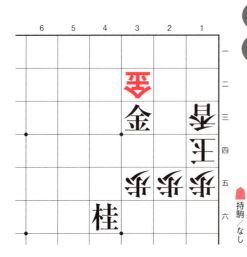

✕ 失敗図

うっかり▲2三金と打つのは、角筋が止まるため△1四玉と逃げられます。そこで▲3三金と角筋を通しても（△2四玉には▲2三角成の狙い）、△3二金（失敗図）で詰みません。

第15問

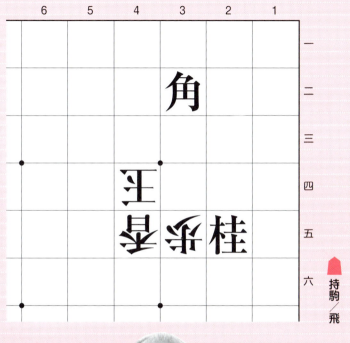

飛車の威力を
活用しましょう！

3かいできたらひふみんシールをはろう！

チャレンジ 1かいめ	チャレンジ 2かいめ	チャレンジ 3かいめ

第15問のこたえ

▲5四飛まで

正解図

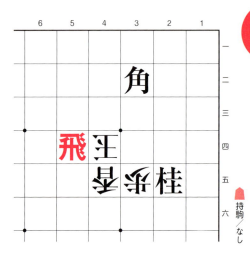

△5五玉と大海に逃がしては詰みません。それがわかれば▲5四飛（正解図）の発見は容易でしょう。飛車の威力で△3四玉とは逃げられません。

失敗図

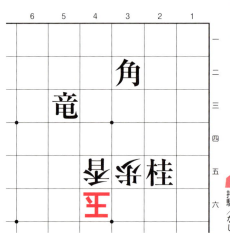

問題図で▲4三飛と打つのは△5五玉と逃げられ、▲5三飛成も△4六玉（失敗図）でまったく届かなくなります。また▲6四飛と離して打つのも、やはり△5五玉と逃げられます。

第16問

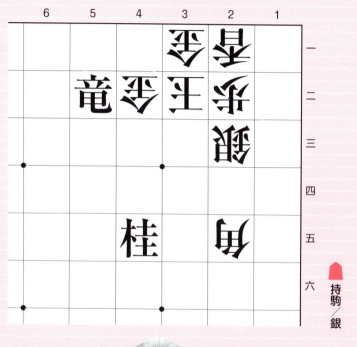

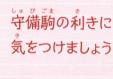

守備駒の利きに気をつけましょう

第16問のこたえ

▲3三銀まで

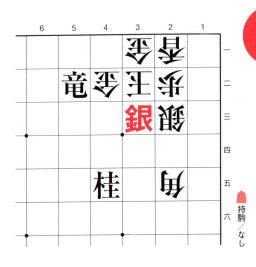

 正解図

▲3三銀（正解図）と打つのが正解で、これはどの駒でも取れないことを確認してください。竜がいるので4二の金では取れませんし、また2筋の駒はいずれも3三には利いていません。

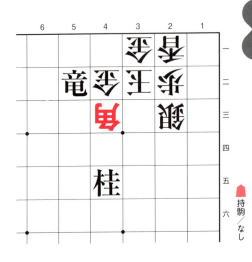

✕ 失敗図

5二竜の威力で、4二金は動けませんが、▲3三銀以外では詰みません。たとえば▲4三銀は△同角（失敗図）ですし、▲4一銀も△同金寄と3一の金で取られてしまいます。

第17問

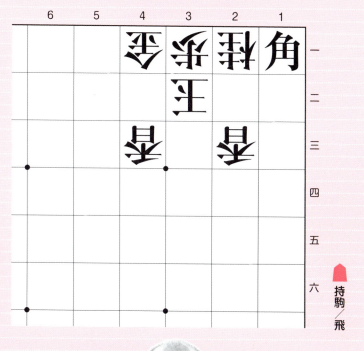

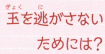
玉を逃がさないためには？

第17問のこたえ

▲1二飛まで

 正解図

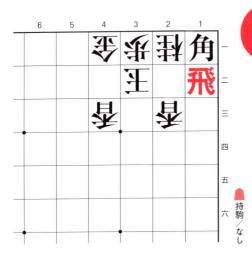

▲3四飛と縦から打つのは△4二玉でも、3三に合い駒を打たれても詰みません。▲1二飛（正解図）で詰みです。△2二に合い駒を打つのは▲同飛成までの無駄合いです。

 失敗図

同じようでも▲2二飛は△3三玉と逃げられてしまい、以下▲2一飛成も△2四玉（失敗図）で届きません。3三は玉の逃げ道なので、そこに逃がす手順はダメです。

第18問

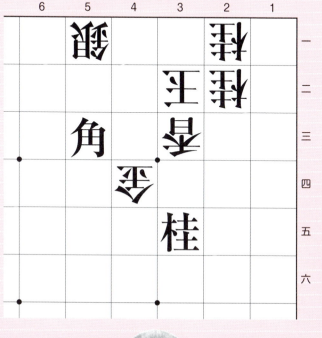

玉の逃げ場を考える!

3かいできたらひふみんシールをはろう!

| チャレンジ 1かいめ | | チャレンジ 2かいめ | | チャレンジ 3かいめ | |

第18問のこたえ

▲3一金まで

正解図

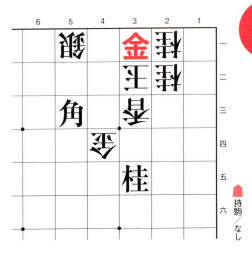

広そうに見える玉ですが、実は次に動ける場所は4一しかありません。それを許さないのが▲3一金（正解図）で、これで詰みです。玉方ではこの金を取ることもできません。

失敗図

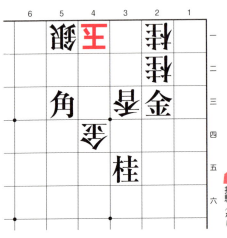

▲2三金と打つのは、△4一玉（失敗図）と逃げられて、詰まなくなります。こうなると次に有効な王手がないのです。▲3一角成も▲3二金も、いずれも△同玉と取られてしまいます。

第19問

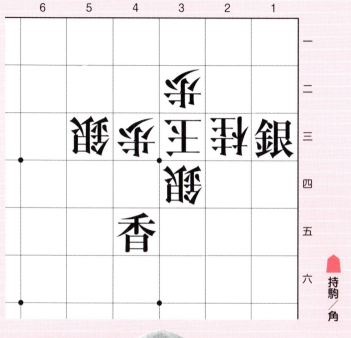

角の威力を最大限に生かしましょう

3かいできたらひふみんシールをはろう！

| チャレンジ
1かいめ | チャレンジ
2かいめ | チャレンジ
3かいめ |

第19問のこたえ

▲2四角まで

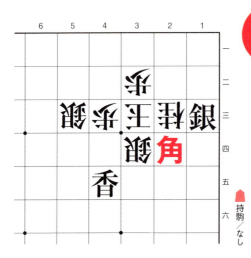

 正解図

△4二玉を許しては詰みません。そうなると角の威力を最大限に生かす▲2四角（正解図）が正解となります。これで玉は動けません。

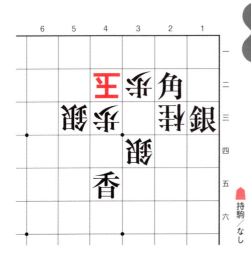

✕ 失敗図

問題図で▲1五角は△同桂と取られます。また▲2二角は△4二玉（失敗図）と逃げられてしまいます。▲5一角と打つのも、4二に合い駒を打たれて続きません。

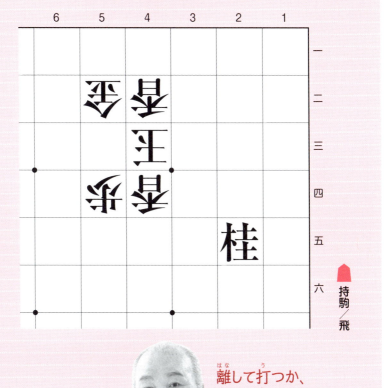

離して打つか、
じかに打つか？

第20問のこたえ

▲3三飛まで

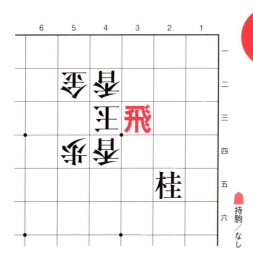

⭕ 正解図

▲7三飛と左から打つのは△3四玉でも△5三に合い駒を打たれても詰みません。右から打つ一手ですが、ここは▲3三飛(正解図)とじかに打つのがよく、これで詰んでいます。

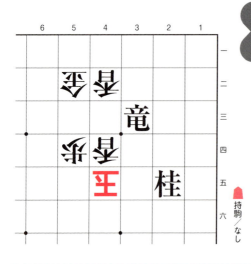

❌ 失敗図

▲2三飛と離して打つのは△3四玉で、以下▲3三飛成も△4五玉(失敗図)で届きません。△3四玉から上に逃がさないために▲3三飛とじかに打つのです。

第21問

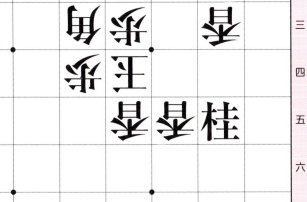

玉方のうまい受けに気をつけて！

3かいできたらひふみんシールをはろう！

| チャレンジ
1かいめ | | チャレンジ
2かいめ | | チャレンジ
3かいめ | |

第21問のこたえ

2二角まで

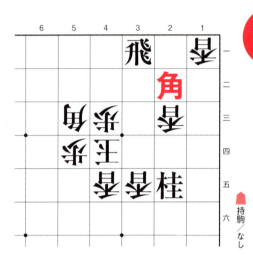

○ 正解図

▲2二角(正解図)とこちらから打てば詰んでいます。△3三に合い駒を打っても▲同角成までの無駄合いです。なお▲3三角は△3四玉▲1五角成△3一角で詰みません。

× 失敗図

▲6六角と打ちたくなります。5五に合駒を打ってくれれば▲3三飛成までの詰みですが、△5五歩と突かれると▲3三飛成に△5四玉(失敗図)で届きません。

第22問

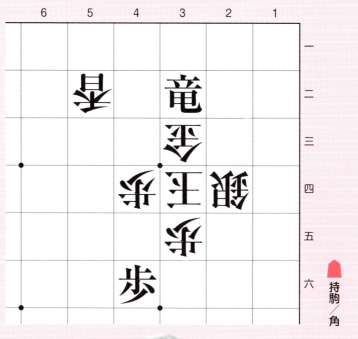

玉を五段目に逃がさないためには？

3かいできたらひふみんシールをはろう！

チャレンジ1かいめ	チャレンジ2かいめ	チャレンジ3かいめ

第22問のこたえ

▲4三角まで

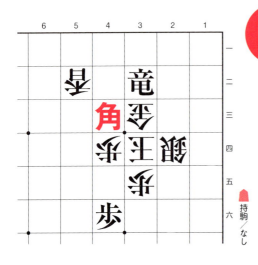

〇 正解図

△2五玉と逃がしては詰まなくなります。それを許さないのが▲4三角（正解図）で、長距離砲の威力です。3二の竜が大きく、△4三同金とは取れません。

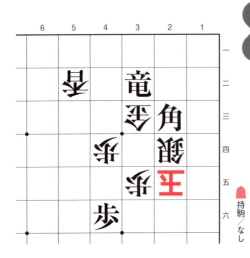

✕ 失敗図

なお▲1六角は△2五に合い駒を打たれて、▲2三角は△2五玉（失敗図）で、いずれも詰みません。この問題に限らず、玉を上に逃がすと詰ませにくくなります。

第23問

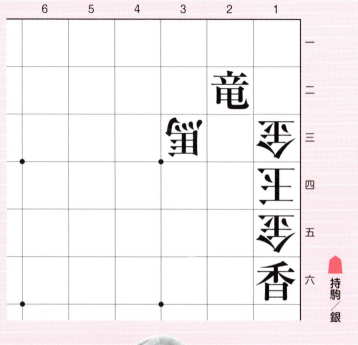

持駒／銀

駒は取りません

3かいできたらひふみんシールをはろう！

チャレンジ1かいめ	チャレンジ2かいめ	チャレンジ3かいめ

第23問のこたえ

▲2五銀まで

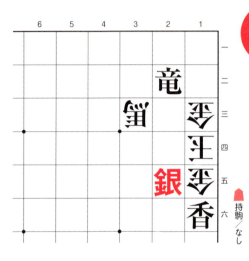

正解図

▲2五銀（正解図）と打てば詰んでいます。1六香がいるため、△2五同金とは取れませんし、2二竜がいるため、△2五同玉とも取ることができません。

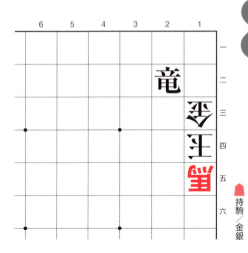

失敗図

欲張って▲1五香と取るのは、△同玉ならば▲2六金△1四玉▲2五銀で詰みますが、△1五同馬（失敗図）と取られると、馬が強く詰みません。

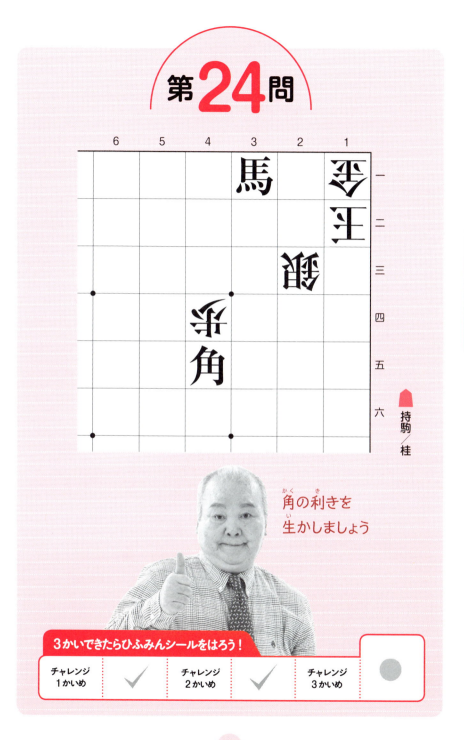

第24問のこたえ

▲2四桂まで

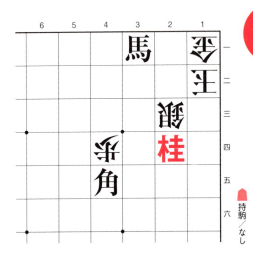

 正解図

▲2四桂（正解図）と打てば詰んでいます。4五の角が大きく、△2四同銀とは取れません。また玉が逃げる場所もありません。馬と角の威力が大きいです。

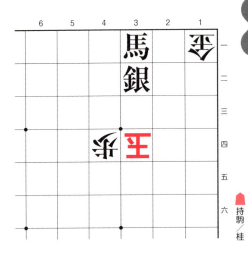

 失敗図

▲2三角成と銀を取るのは△同玉▲3二銀△3四玉（失敗図）と逃がしてしまいます。以下、銀を不成に王手に引くのは△同玉と取られてまったく詰みません。

第25問

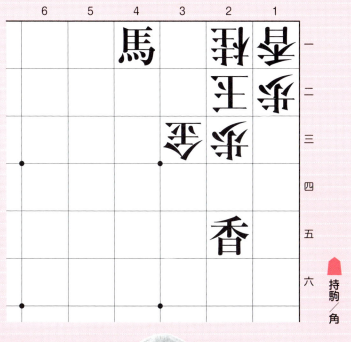

1三に逃がさない！

3かいできたらひふみんシールをはろう！

第25問のこたえ

▲3一角まで

正解図

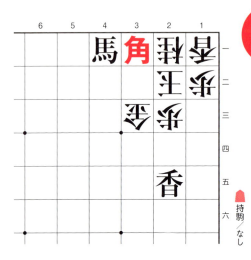

△1三玉と逃がしては詰みません。そうなると▲3一角（正解図）の発見は容易でしょう。角の威力で△1三玉としても▲同角成と取られてしまいます。

失敗図

なお▲2三香成は△同金と取られて、そこで▲3一角と打っても△3三玉▲4二角成△4四玉（失敗図）で詰みません。馬が2枚あっても有力な王手がありません。

攻め駒を
なくさない！

第26問のこたえ

▲2二金まで

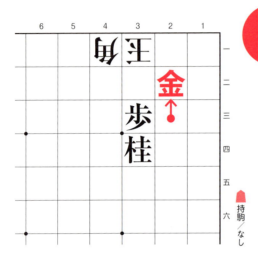

◯ 正解図

▲2二金（正解図）とまっすぐ入るのが好手で、これで詰んでいます。なお▲2二桂成は△4二玉と逃げられてしまいます。3四の桂は△4二玉を許さないカナメの駒なのです。

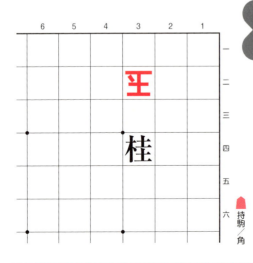

✕ 失敗図

▲3二歩成とするのは△同角▲同金で角は取れますが、以下△同玉（失敗図）の局面は攻め駒が足りず、まったく詰みません。自分の攻め駒を減らす手順はたいていよくありません。

第27問

2四の金は動けません

第27問のこたえ

▲3四角まで

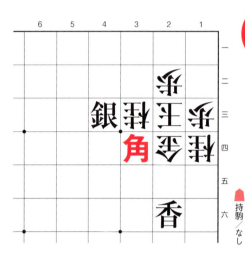

 正解図

▲2四香と金を取るのは△同玉で捕まらなくなります。2六香の存在で2四の金が動けないことをつく▲3四角（正解図）が正解で、これで詰んでいます。

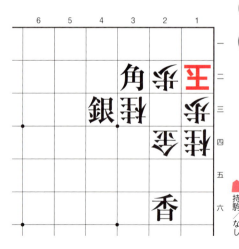

 失敗図

なお▲3二角は△1二玉（失敗図）と逃げられてしまいます。以下▲2一角成は△同玉と取られますし、▲2四香は王手ではありません。

第28問

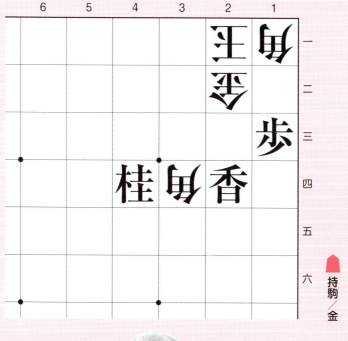

金の打ち場所を
よく考えましょう

3かいできたらひふみんシールをはろう！

| チャレンジ
1かいめ | | チャレンジ
2かいめ | | チャレンジ
3かいめ | |

第28問のこたえ

▲3二金まで

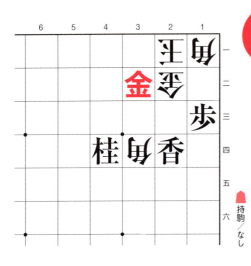

● 正解図

▲3二金（正解図）と打てば詰んでいます。玉を逃げる場所はなく、△3二同金とも取れません。1三の歩が大きく、△1二玉とできないのが、玉方にとって痛いのです。

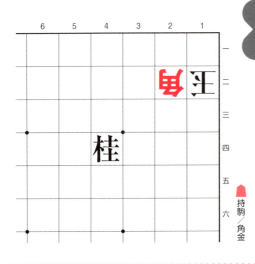

✕ 失敗図

なお問題図から▲1二金は、△同角▲同歩成△同玉▲2二香成△同角（失敗図）で詰みません。失敗図から王手をかけるなら▲3四角くらいですが、2三に合い駒を打たれて続きません。

第29問

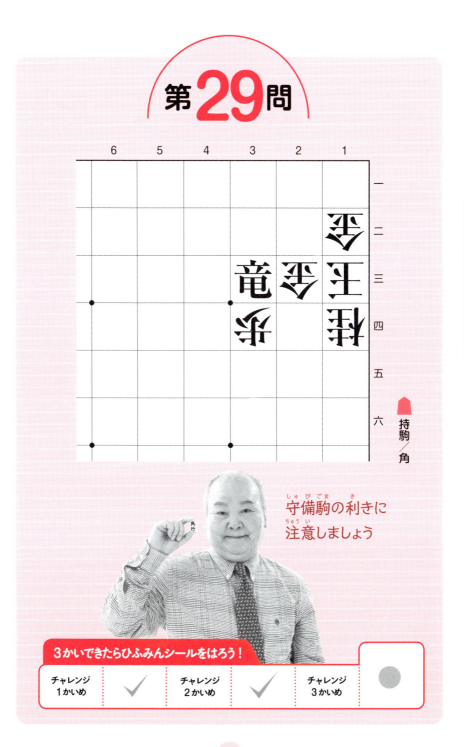

守備駒の利きに注意しましょう

第29問のこたえ

▲2四角まで

● 正解図

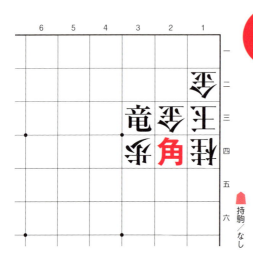

角をどこに打つかですが、▲2四角（正解図）と打てば詰んでいます。△同金とは取れません。3三の竜で玉が取られてしまうことを確認してください。

✕ 失敗図

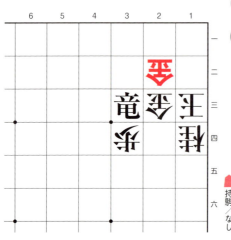

角の打ち場所は色々ありますが、詰むのはこの1つだけで、たとえば▲4六角は△3五香で詰みません。また▲2二角は△同金寄（失敗図）と、こちらの金で取られてしまいます。

第30問

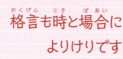
格言も時と場合によりけりです

3かいできたらひふみんシールをはろう！

チャレンジ1かいめ	チャレンジ2かいめ	チャレンジ3かいめ

第30問のこたえ

▲2三角まで

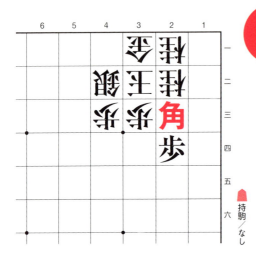

○ 正解図

▲2三角(正解図)と直に打てば詰んでいます。角の力で△4一玉とは逃げられません。また、この角を取ることもできません。玉方の駒は多いですが、いずれも邪魔駒になっています。

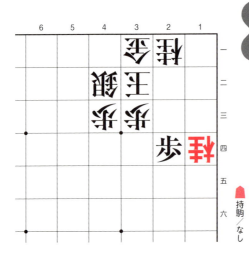

✕ 失敗図

「大駒は離して打て」の格言通りに▲1四角と打つのは△同桂(失敗図)と取られて、アッということになります。守備駒の利きに注意しましょう。

第31問

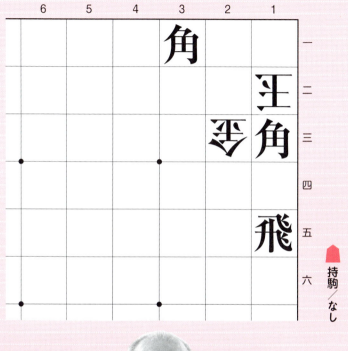

持駒／なし

鬼より怖い
両王手

3かいできたらひふみんシールをはろう！

チャレンジ 1かいめ	チャレンジ 2かいめ	チャレンジ 3かいめ

第31問のこたえ

▲2二角上成まで

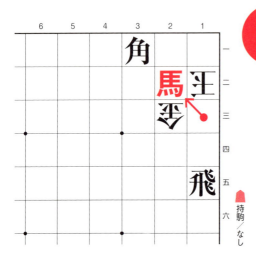

◯ 正解図

▲2二角上成（正解図）と成れば詰んでいます。2二の馬と1五の飛車の2枚で王手がかかりました。このような王手を両王手と言います。

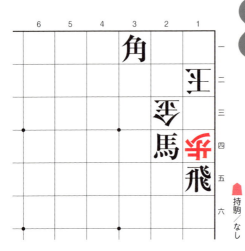

✕ 失敗図

なお▲2二角引成は△同金と取られます。また▲2四角成は、△1三歩ならば▲同飛成以下詰みますが、△1四歩（失敗図）と打つ好手があり、詰みません。

| チャレンジ
1かいめ | | チャレンジ
2かいめ | | チャレンジ
3かいめ | |

第32問のこたえ

▲2一飛成まで

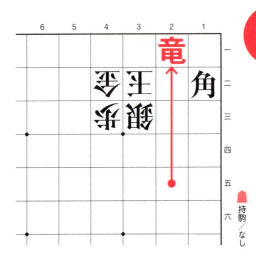

〇 正解図

▲2一飛成（正解図）と飛車を成り込めば玉の逃げ場所がなく詰みです。なお▲2三飛成は△4一玉と逃げられ、以下▲2一竜も△5二玉で詰みません。

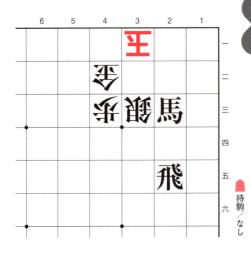

✕ 失敗図

△4一玉を許しては捕まらないのですが、▲2三角成では△3一玉（失敗図）で詰みません。以下▲1三馬は△4一玉ですし、▲2二馬は△同銀と取られてしまいます。

第33問

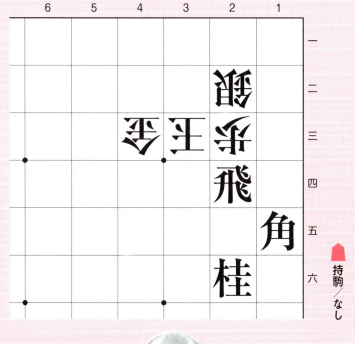

鬼より怖い両王手
再び、ですね

3かいできたらひふみんシールをはろう！

| チャレンジ
1かいめ | | チャレンジ
2かいめ | | チャレンジ
3かいめ | |

第2章 1手詰めに挑戦！

第33問のこたえ

▲3四飛まで

◯ 正解図

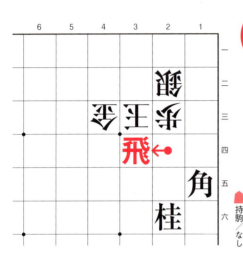

▲3四飛（正解図）が第31問でも登場した厳しい両王手で、詰んでいます。△3四同金も△2四歩も、もう1つの王手を防げておらず、意味がありません。

✕ 失敗図

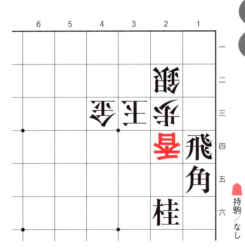

なお▲1四飛や▲5四飛ではいずれも△2四香（失敗図）と角の王手を防がれて詰みません。両王手は玉を逃がすしか防ぐ方法がないので、「鬼より怖い両王手」とも言われます。

第34問

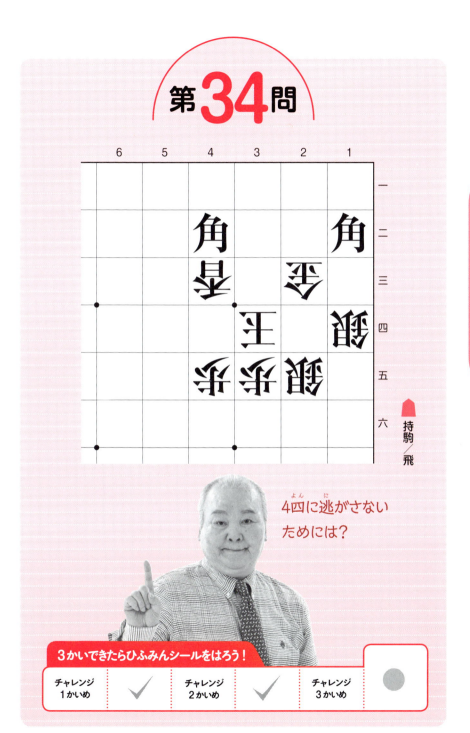

4四に逃がさないためには？

第34問のこたえ

▲2四飛まで

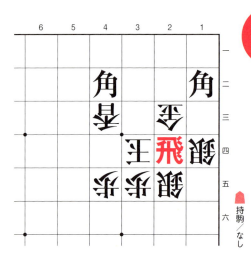

○ 正解図

▲5四飛は4四に合い駒を打たれて詰みません。▲2四飛（正解図）と打てば△同金とは取れず、4四にも逃げられないため詰んでいます。

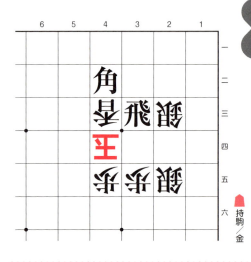

✕ 失敗図

▲3三飛とこちらに打つのは△4四玉で詰みません。また▲2三角成は△同玉ならば▲3三飛から詰みますが、△2三同銀と取られて、以下▲3三飛もやはり△4四玉（失敗図）です。

強引な順では
いけません

3かいできたらひふみんシールをはろう！

チャレンジ1かいめ	チャレンジ2かいめ	チャレンジ3かいめ

第35問のこたえ

▲3五銀打

正解図

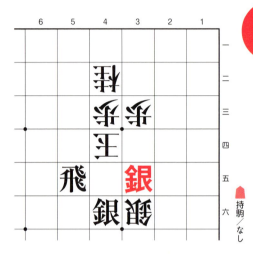

▲3五銀打（正解図）と守備の銀を相手にしないのが大事で、これで詰んでいます。なお初手に▲5三銀は△3四玉で逃げられます。3四に玉を逃がさないのが大切です。

失敗図

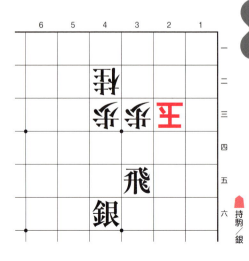

つい▲4五銀打と打ちたくなりますが、△同銀と取られると、▲同銀は△5五玉で、▲4五同飛も△3四玉▲3五飛△2三玉（失敗図）で詰みません。

広そうな玉に見えますが…？

| チャレンジ1かいめ | | チャレンジ2かいめ | | チャレンジ3かいめ | |

第36問のこたえ

▲4五金まで

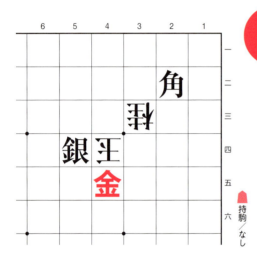

○ 正解図

5四の銀も取られそうで、ちょっと捕まる気配のない玉ですが、▲4五金（正解図）と打てば詰んでいます。△4五同桂とはできないことを確認しましょう。

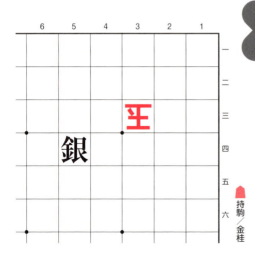

✕ 失敗図

▲4三金は△5四玉で詰みません。▲3三角成も△同玉（失敗図）で、金と桂では捕まりません。3三の桂馬は玉の逃げ場所を防いでいるので、それを取ってしまうことはないのです。

第37問

2三の飛車を取らせない!

第37問のこたえ

▲4五角まで

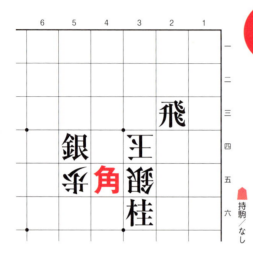

 正解図

▲4五角（正解図）と打つのが好手で、これで詰んでいます。角の威力で△2三玉とはできません。また、他の場所にも玉は逃げられません。

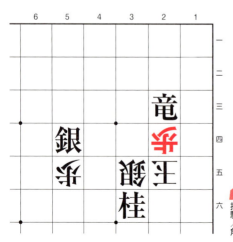

 失敗図

ヒントの通り、2三の飛車は大事な駒ですが、▲4三飛成では△2五玉と逃げられて、以下▲2三竜も△2四歩（失敗図）で詰みません。ここから▲1四角も△1六玉で続きません。

第38問

3二の銀は動けません

第38問のこたえ

▲3三金まで

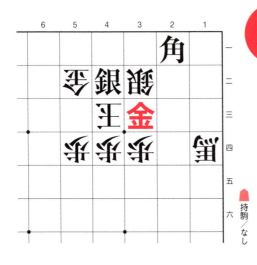

 正解図

▲3三金（正解図）と打てば△同銀とは取れず、詰んでいます。なお▲5三金は△同金と取られてしまいます。左と右の違いは角がいるかいないかの差が大きいです。

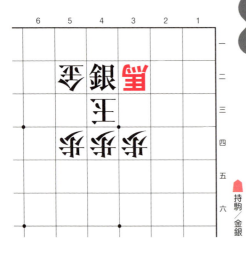

 失敗図

▲3二角成は△同馬（失敗図）で馬の威力が強く、詰みません。すなわち、以下▲3三金は△同馬▲同銀成△同玉で、また失敗図から▲5三金も△同金で詰みません。

第39問

飛車の成り場所に注意

3かいできたらひふみんシールをはろう！

チャレンジ1かいめ	チャレンジ2かいめ	チャレンジ3かいめ

第39問のこたえ

▲2三飛成まで

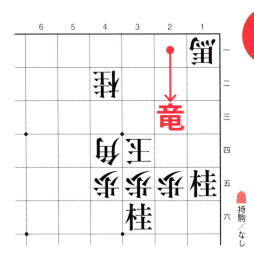

 正解図

2枚の桂馬の利き場所に飛車を成るのですが、成った後のことを考えると4三に逃がさない▲2三飛成（正解図）が正解です。これで玉の行き場所がありません。

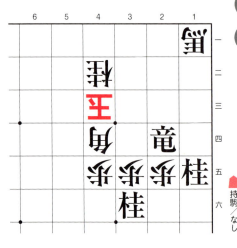

 失敗図

▲2四飛成は△4三玉（失敗図）と逃げられて詰みません。ここから▲4四竜と角を取るのが有力そうですが、△同馬と取られて角1枚の持ち駒では詰みません。

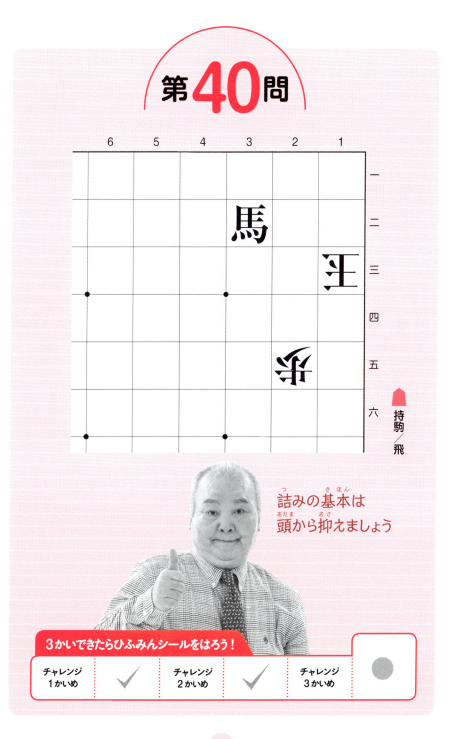

第40問のこたえ

☗1四飛まで

正解図

玉を詰ます基本は上に逃がさないこと。そうなると頭を押さえる☗1四飛（正解図）で詰んでいます。飛車の威力で、△1二玉とは逃げられません。

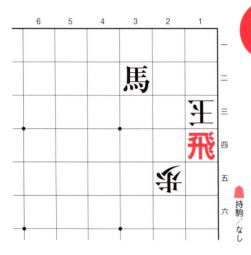

失敗図

☗2三飛では△1四玉と逃げられますし、☗3三飛と離して打っても△2四玉☗2三飛成△1五玉（失敗図）で詰みません。以下☗1四竜も△2六玉です。

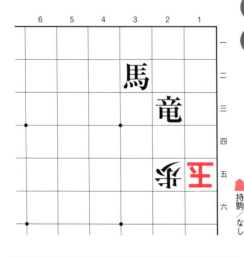

おつかれさまでした！
1手詰めの問題は、どうでしたか？

　意外とかんたんだなと思った人もいれば、難しい！と感じた人もいるでしょう。

　どちらにしても、40問を繰り返し解くことで、将棋の「詰み」という形がどのようなものか、わかってもらえたのではないかと思います。決して焦らず、楽しみながら根気強く解いていってください。

　3回解けたら、私のシールを貼ってください。これができれば、初級は卒業です。さあ、自信を持って3手詰めに進みましょう！

第2章　1手詰めに挑戦！

コラム

将棋の段・級

　将棋の強さを示すものが「段・級」です。駒の動かしかたなどのルールを覚えて、10級。以下一段階ずつ上がっていきます。本書の問題をすべて解くことができたら、5級くらいでしょうか。

　将棋教室や道場に通って、初段と認められたらまず一人前と考えていいでしょう。

　そして、アマチュアの強豪が集まって戦う全国大会で優勝すると五段以上と言えます。

　プロの段級はアマチュアのそれと異なり、奨励会という、プロ棋士になるための学校のようなものに入る必要があります。その一番下が6級ですが、アマチュアに直すと四段以上の実力です。

　6級から勝ち進むことで段級は上がり、一人前のプロ棋士として認められるのが、プロの四段です。そしてプロのトップが九段です。私は33歳で九段になることができました。62年ぶりに私の最年少四段記録を破った、藤井聡太君が九段になる日を楽しみにしています。

第3章

3手詰めに挑戦！

さあ、いよいよ3手詰めの問題に入ります。1手詰めと3手詰めの違いとは何でしょうか。手の数じゃないかって？ その通りです。では手の数が違うと、どんな部分が変わってくるのでしょうか。

それは、「相手の指し手も考える必要がある」ことです。3手ですから、「最初にこう指す、相手はこうやる。そこでこうする」というのが基本の考え方ですが、「相手はこうやる」ということがうまく考えられるかどうか。

ついこちらの都合の良い手を考えたくなりますが、それは正解にはなりません。相手の立場になりきって、考えてみるのが大事です。

これは詰め将棋だけでなく、ふだんの生活においても大事なことです。たとえば友達と遊ぶとき、自分勝手なことばかりしていては仲が悪くなって、そのうちに友達がいなくなってしまうのではありませんか。

「相手の立場にたって考えてみる」ことが大事ですが、3手詰めを繰り返すことで、そのような考え方が自然に身についていきます。

では、スタートしましょう！

第1問

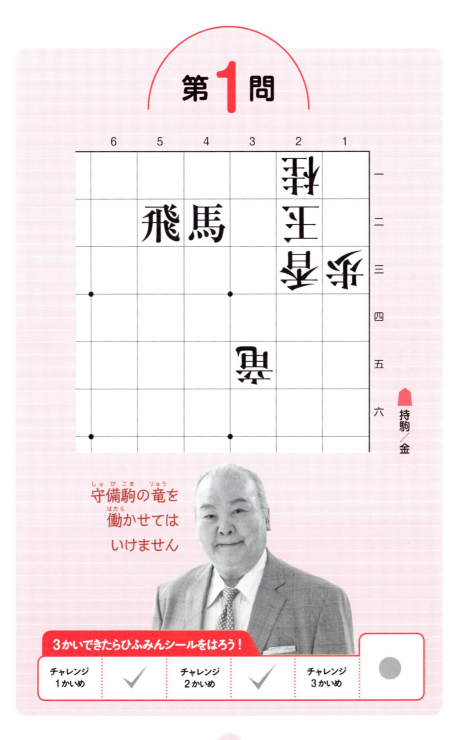

守備駒の竜を働かせてはいけません

第1問のこたえ

▲1二金 △同玉 ▲3三馬まで

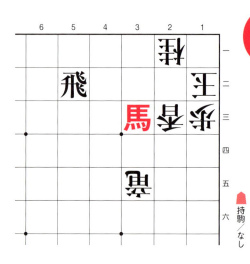

○ 正解図

▲1二金と捨てるのが好手で、△同玉の一手に▲3三馬（正解図）までです。2二への合い駒は▲同馬の無駄合いです。なお最後に▲3一馬は△3二歩と打つ手があるので詰みません。

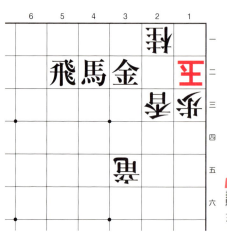

✕ 失敗図

つい▲3二金と打ちたくなりますよね。△同竜と取ってくれれば▲同馬から詰みますが、打った金を相手にしない△1二玉（失敗図）が好手で詰みません。

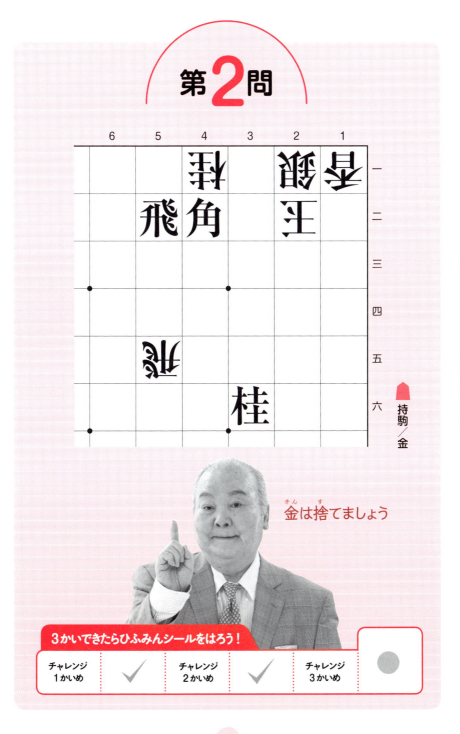

第2問のこたえ

▲2三金 △同玉 ▲2四角成まで

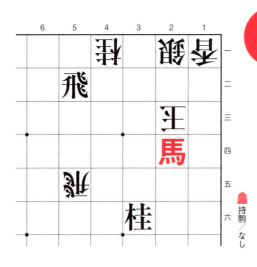

◯ 正解図

▲3一角成は△同玉で詰みません。また▲5三角成は3二に合い駒を打たれて続きません。▲2三金と捨てるのが好手で、△同玉に▲2四角成（正解図）で詰みます。

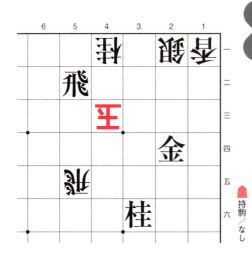

✕ 失敗図

同じように上へ引きずり出すにも、▲3三角成は△同玉▲2四金に△4三玉（失敗図）と逃げられてしまいます。広いほうへ逃がさないための▲2三金でした。

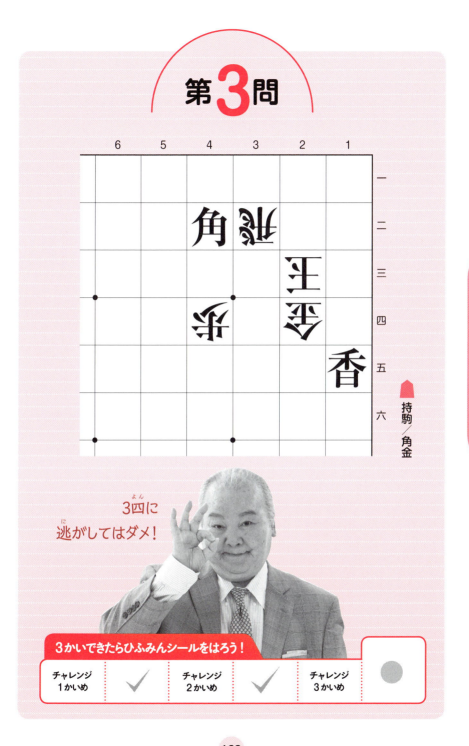

第3問のこたえ

▲1二角 △同飛 ▲3三金まで

正解図

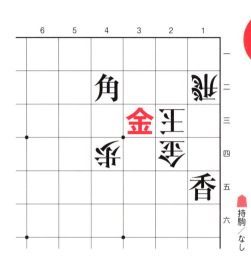

▲1三金は△3四玉でダメです。玉を上に逃がさない▲1二角が好手で、△同飛に▲3三金（正解図）まで。▲1二角に△2二玉は▲2一金で、これも正解です。

失敗図

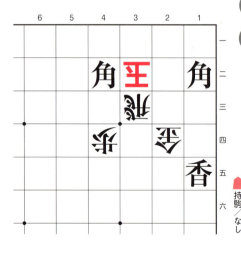

問題図から▲3三金と打つのは△同飛と取られ、そこで▲1二角と打っても△3二玉（失敗図）と逃げられてしまいます。以下▲3三角成も△同玉で飛車1枚では詰みません。

第4問

初手に駒を捨てます

3かいできたらひふみんシールをはろう！

チャレンジ 1かいめ		チャレンジ 2かいめ		チャレンジ 3かいめ	

第4問のこたえ

▲3四香△同玉▲2三馬まで

 正解図

3四に玉を逃がしては詰まないようですが、初手に▲3四香と捨てるのが意外な好手で、△同玉に▲2三馬（正解図）とすれば逃げ場所がなく詰んでいます。

 失敗図

▲2三馬は、△4二玉と逃げられて、▲2四馬と銀を取っても△3三香（失敗図）で続きません。また問題図から▲2三銀成は△3四玉で詰みません。

第5問

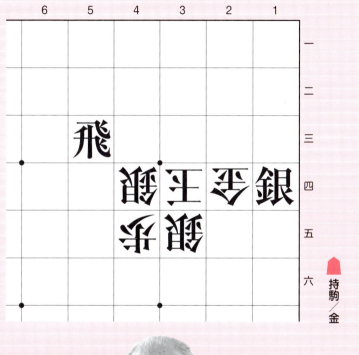

持駒／金

第3章 3手詰めに挑戦！

飛成を実現するためには？

3かいできたらひふみんシールをはろう！

| チャレンジ1かいめ | | チャレンジ2かいめ | | チャレンジ3かいめ | |

第5問のこたえ

▲2五金△同金▲2三飛成まで

  正解図

▲3三金は△同銀と取られ、▲5四飛成に△4四香くらいで続きません。▲2五金とこちらに捨てるのが正しく、△同金に▲2三飛成（正解図）までです。

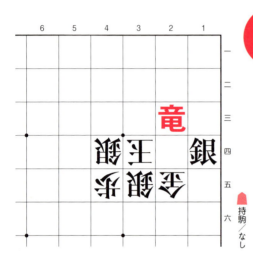

  失敗図

なお、▲2三飛成と指さずに▲2三銀不成とすると、△2四玉（失敗図）とかわされて詰まなくなります。これは後ろに動けない銀の弱点がもろに出ています。

第6問

大胆な捨て駒があります

3かいできたらひふみんシールをはろう！

| チャレンジ1かいめ | | チャレンジ2かいめ | | チャレンジ3かいめ | |

第6問のこたえ

▲4二飛 △同玉 ▲4三飛成 まで

  正解図

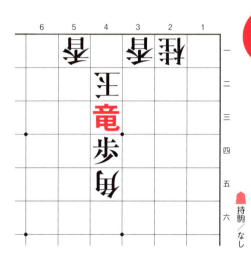

▲4二飛が大胆な捨て駒で、△同玉の一手に▲4三飛成（正解図）までの詰みです。なお最後に▲4三歩成は△4一玉と逃げられて続きません。

  失敗図

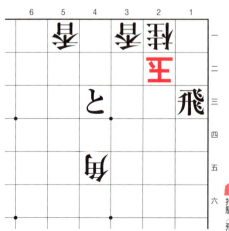

問題図から、▲6二飛は△5二歩で詰みません。また▲4三歩成は有力そうに見えますが、△2二玉（失敗図）と逃げられると、守備駒の力が大きく、詰みません。

第7問

初手は両王手！

3かいできたらひふみんシールをはろう！

| チャレンジ
1かいめ | | チャレンジ
2かいめ | | チャレンジ
3かいめ | |

第7問のこたえ

▲2二角成△同玉▲1二金まで

正解図

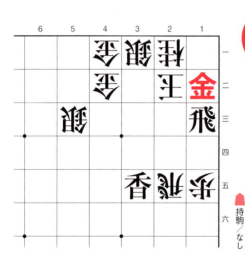

▲2二角成が好手で、両王手になっているため△同玉と取るしかありませんが、そこで▲1二金（正解図）と打てば詰んでいます。香の力で3筋には逃げられません。

失敗図

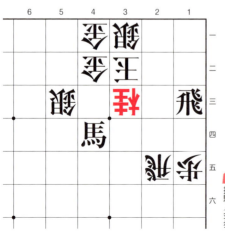

問題図から、▲4四角成は、△3三歩と打たれて▲同香成△同桂（失敗図）で続きません。また、▲2三金は△4三玉と広い方面へ逃がしてしまいます。

第8問のこたえ

▲3三金 △同桂 ▲2一角まで

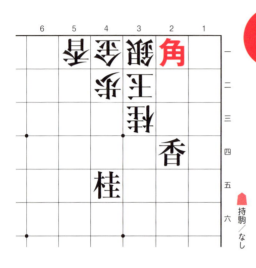

○ 正解図

▲3三金が好手で、△同桂とさせれば▲2一角（正解図）と空いた地点に角を打って詰みます。角の威力で△4三玉とは逃げられないことを確認してください。

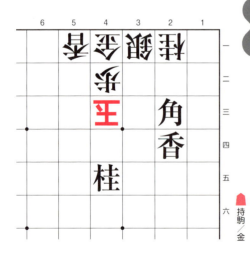

✗ 失敗図

最初に▲2三角と打つのは△4三玉（失敗図）で詰みません。どこに玉を逃がすと詰まないかを考えて、ではどう指せば脱出を阻止できるかというのが考え方の流れです。

第9問

第3章 3手詰めに挑戦！

持駒/金

飛成の前に一工夫！

3かいできたらひふみんシールをはろう！

チャレンジ1かいめ	チャレンジ2かいめ	チャレンジ3かいめ

第9問のこたえ

▲2一金 △同玉 ▲1一飛成まで

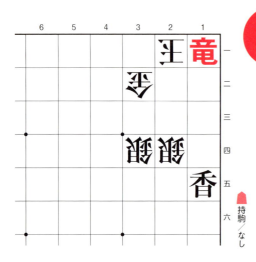

○ 正解図

▲2一金が手筋の捨て駒で、△同玉に▲1一飛成（正解図）で詰んでいます。慌てて▲1二飛成は△3一玉と逃げられます。△3一玉と逃がさないのが大切です。

✗ 失敗図

問題図ではつい▲1二飛成と指したくなりますが、△3一玉でも△3三玉（失敗図）でも、玉が広く詰みません。▲1一飛成も△3三玉で同様です。

第10問

持駒／金銀

金はトドメに取っておきましょう

第10問のこたえ

▲1二銀△同金▲1四金まで

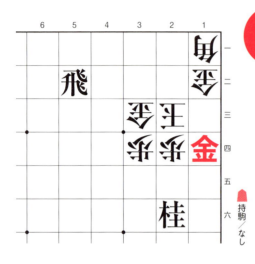

● 正解図

金銀のどちらを先に使うかですが、▲1二銀と銀を先に打ち、△同金に▲1四金（正解図）までの詰みとなります。銀を捨てたことで守備駒の力が弱くなり▲1四金が打てます。

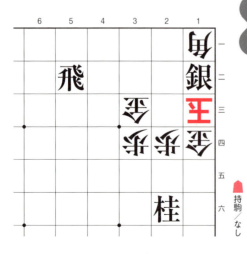

✗ 失敗図

同じようでも初手に▲1四金は、△同金▲1二銀に△1三玉（失敗図）で詰みません。金と銀の違いがもろに出た形ですね。「金はトドメに」とよく言われます。

第11問のこたえ

▲1三角成 △同玉 ▲1二飛成まで

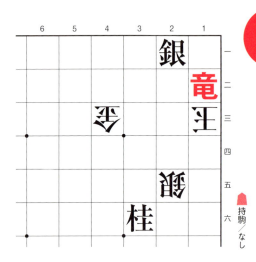

◯ 正解図

駒を惜しまない▲1三角成が好手で、△同玉に▲1二飛成（正解図）までの詰みとなります。△1四玉とも△2四玉とも逃げられないことを確認してください。

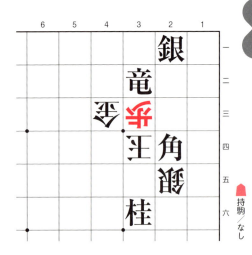

✕ 失敗図

角を惜しんで初手に▲1二飛成は△3四玉と逃げられて、▲3二竜も△3三歩（失敗図）で詰みません。玉を詰ますためには大駒でも惜しまず捨てる決断が大切です。

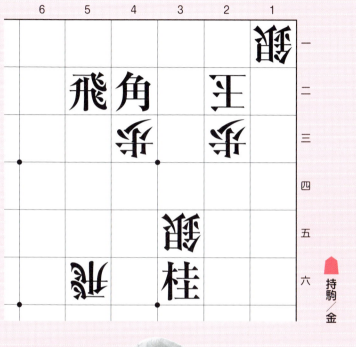

第12問のこたえ

▲3一角成 △同玉 ▲3二金まで

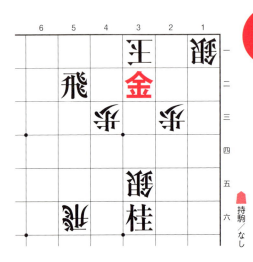

● 正解図

▲3一角成が手筋。△同玉に▲3二金（正解図）までとなります。なお▲3一角成に△3三玉は▲3二飛成までで、こちらも詰んでいますが持ち駒の金が余ります。

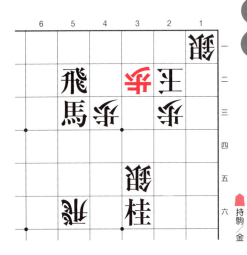

✗ 失敗図

▲5三角成は△3二歩（失敗図）で詰みません。「玉は下段に落とせ」という格言があります。下のほうが逃げるスペースがなくなるので詰ませやすいのです。

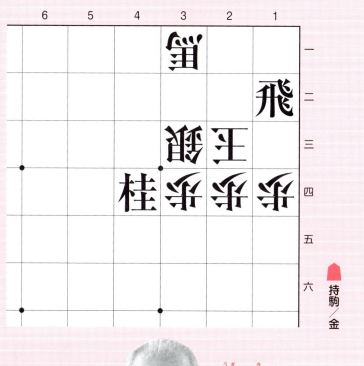

馬の利きを
そらしましょう

第13問のこたえ

▲1三金 △同馬 ▲3二飛成まで

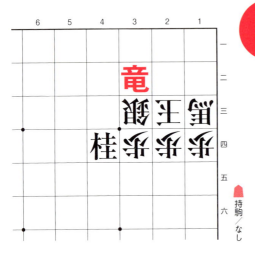

○ 正解図

問題図から▲2二金や▲3二飛成は、△同馬で詰みません。▲1三金が好手で、△同馬で馬の守備力が弱まりました。▲3二飛成（正解図）までです。

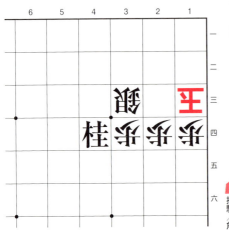

✗ 失敗図

なお、△1三同馬に▲同飛成は△同玉（失敗図）で、持ち駒が角1枚では詰みません。以下▲3一角も△2二香で続きません。駒を取りたくなりますが、取った後のことも考えましょう。

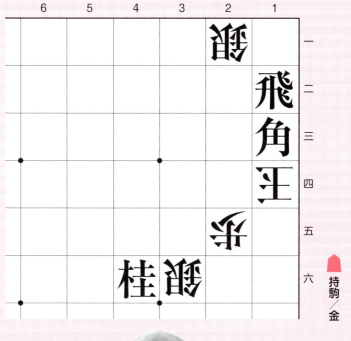

4六の桂馬を生かすには？

3かいできたらひふみんシールをはろう！

| チャレンジ1かいめ | | チャレンジ2かいめ | | チャレンジ3かいめ | |

第14問のこたえ

▲2四角成 △同玉 ▲3四金まで

正解図

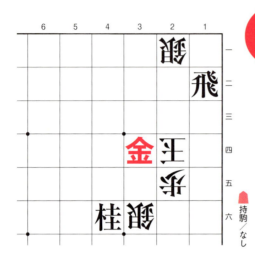

▲2四金は△1五玉で詰みません。4六の桂馬を生かすために、▲2四角成と捨てます。△同玉に▲3四金（正解図）までで、桂馬の利きが生きました。

失敗図

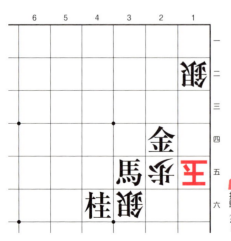

なお初手に▲3五角成は△1二銀と飛車を取られ、▲2四金と打っても△1五玉（失敗図）で捕まらなくなります。以下、▲2五馬には△同銀と、3六の銀が利いています。

金からか、それとも銀からか？

第15問のこたえ

▲2四金 △同銀 ▲2三銀まで

⭕ 正解図

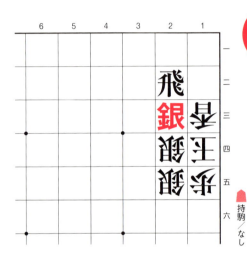

駒を惜しまず▲2四金と捨てるのが大事で、△同銀と逃げ道をふさげば▲2三銀（正解図）までの詰みとなります。玉を動かす場所はありませんし、2三の銀を取ることもできません。

❌ 失敗図

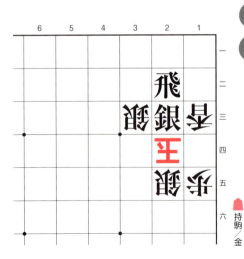

金を残して▲2三銀と打ちたくなりますが、△2四玉（失敗図）とかわされると、どうやっても詰みません。「金はトドメに」のセオリーも、場合によっては異なります。

第16問

持駒／銀

逃げ道をふさぐ

第16問のこたえ

▲3二銀 △同竜 ▲5一飛成まで

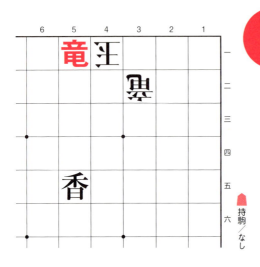

◯ 正解図

▲3二銀とこちらから打つのが好手。△同竜と取られますが、玉の逃げ道がふさがりました。▲5一飛成（正解図）で詰んでいます。△3一玉とは逃げられません。

✕ 失敗図

持ち駒が金ならば▲4二金の簡単な詰みですが、銀ですから▲4二銀では△3二玉（失敗図）とかわされて、まったく詰まなくなります。銀は真横に動けないことを思い出しましょう。

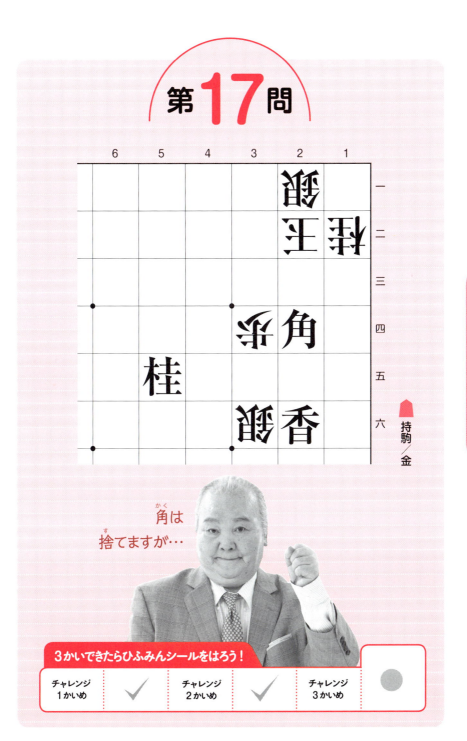

第17問のこたえ

▲3三角成△同玉▲4三金まで

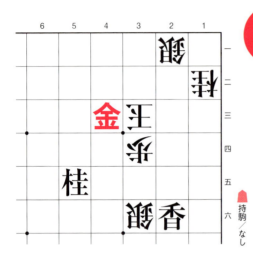

○ **正解図**

▲3三角成とこちらに捨てるのがよく、△同玉は▲4三金（正解図）までの詰み。2六の香車がよく利いています。また▲3三角成に△3一玉と逃げても▲4二金までとなります。

× **失敗図**

2六の香車を通すために、角を動かしますが、▲1三角成は△同玉▲2三金△1四玉（失敗図）で詰みません。以下▲2四金は△同桂でも△1五玉でも続きません。

152

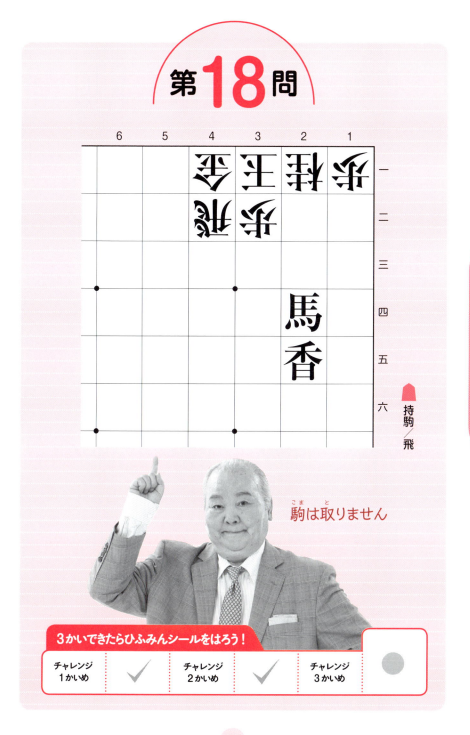

第18問のこたえ

▲1三馬 △同桂 ▲2一飛まで

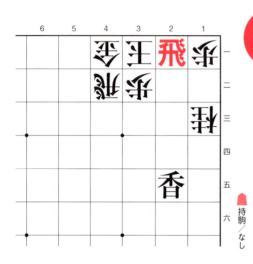

正解図

▲1三馬が好手で、2二への合い駒は▲同馬までの無駄合いです。△1三同桂と取りますが、▲2一飛（正解図）と空いた地点に飛車を打って詰みます。

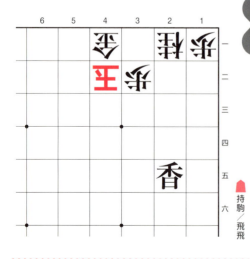

失敗図

▲4二馬と飛車を取る手が見えますが、△同玉（失敗図）の局面は玉が広く、飛車を2枚持っていても詰みません。4二は玉が逃げたい場所なので、わざわざそこに逃がすことはありません。

第19問

持駒／金

飛車を成る前に一工夫！

3かいできたらひふみんシールをはろう！

| チャレンジ 1かいめ | | チャレンジ 2かいめ | | チャレンジ 3かいめ | |

第19問のこたえ

▲3二金 △同玉 ▲5二飛成まで

⭕ 正解図

飛車を成る前に▲3二金と捨てるのが手筋で、△同玉と危険地帯におびき寄せれば、▲5二飛成（正解図）で詰みます。4二への合い駒は▲同竜までの無駄合いです。

持駒／なし

❌ 失敗図

問題図ではすぐに▲5二飛成と指したくなりますが、△3二香と合い駒を打たれ、そこで▲3一角成としても△同飛（失敗図）で詰みません。合い駒を打たれて守備駒が増えてしまいました。

持駒／金

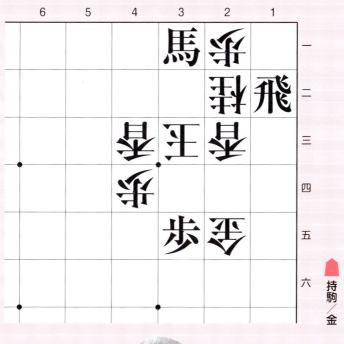

第20問のこたえ

▲3四金△同桂▲4二馬まで

⭕ 正解図

▲3二金と平凡に打つのは△2四玉で捕まりません。▲3四金とこちらから打つのが好手で、△同桂と取られますが、▲4二馬（正解図）とすれば詰んでいます。

❌ 失敗図

なお、初手に▲2二飛成も鋭い一手で、△同歩ならば▲3四金までですが、竜を取らずに△2四玉（失敗図）と逃げられてしまうと、どうやっても詰みません。

第21問

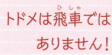

トドメは飛車では
ありません！

3かいできたらひふみんシールをはろう！

| チャレンジ
1かいめ | | チャレンジ
2かいめ | | チャレンジ
3かいめ | |

第21問のこたえ

▲1三飛△同玉▲2四金まで

正解図

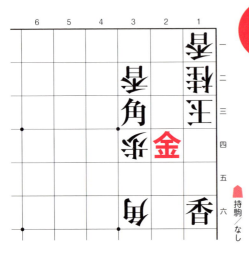

△3三玉を許しては捕まらないことに気がついたら合格点です。そのための▲1三飛が好手で、△同玉に▲2四金(正解図)までの詰みとなります。

失敗図

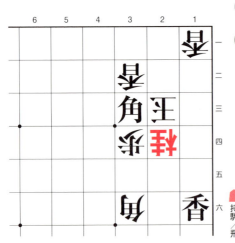

初手に▲2四金も同じようですが、△同桂(失敗図)と取られると、1一の香車が働いて詰まなくなります。失敗図から▲2一飛と打っても△3三玉で捕まりません。

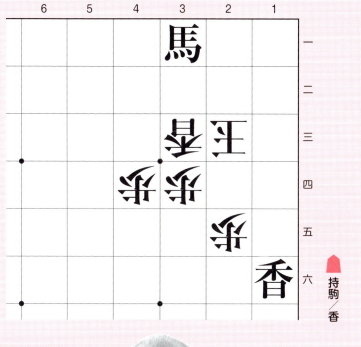

1三馬を決め手とするためには？

第22問のこたえ

▲2四香 △同玉 ▲1三馬まで

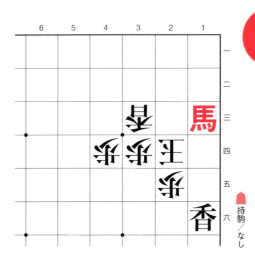

▲1三馬を決め手とするために、玉を下に逃がさない▲2四香の捨て駒が好手。△同玉の一手に▲1三馬（正解図）で詰みます。△3五玉とは逃げられません。

✕ 失敗図

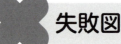

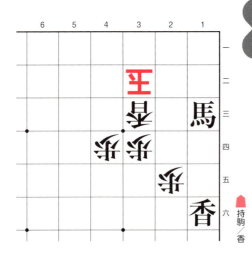

▲1三香成は△2四玉で詰みません。玉を上に逃がさないため、▲1三馬は考えられますが、今度は△3二玉（失敗図）と下に逃げられて詰みません。

第23問のこたえ

▲3二角△同飛▲1三馬まで

正解図

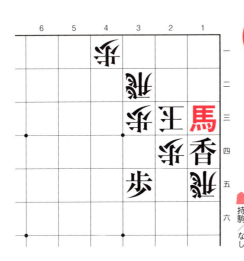

1四の香車を取らせては詰みません。▲3二角がうまい捨て駒で、△同飛に▲1三馬（正解図）で詰みます。慌てて▲1三香成は△同飛と取られます。

失敗図

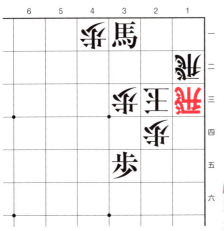

初手に▲1三香成は、△同飛上ならば▲3二角から詰みますが、△同飛引（失敗図）と取られて詰みません。これは二枚の飛車が守備によく利いています。

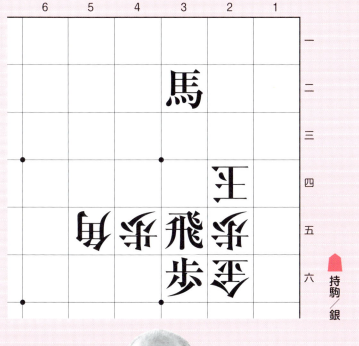

トドメは銀打ち！

第24問のこたえ

▲3四飛 △同玉 ▲3五銀まで

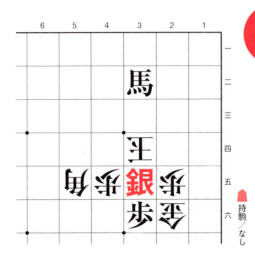

◯ 正解図

▲3四飛がスカッとする捨て駒で、△同玉に▲3五銀（正解図）で詰みます。なお▲3四飛に△1三玉や△1五玉は、いずれも▲1四飛まで、銀が余っての詰みとなります。

✕ 失敗図

平凡に▲3三銀と打つのは△1五玉（失敗図）で詰みません。無条件に△1五玉を許してはいけません。玉を広いほうへ逃がさないのが詰め将棋の基本です。

馬の利きを
ずらしましょう！

第25問のこたえ

▲2二飛△同馬▲3四金まで

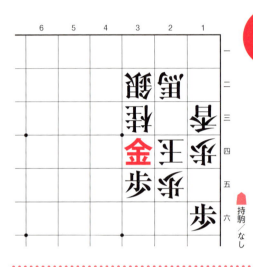

正解図

▲2二飛が守備駒の馬に働きかける好手で、2三に合駒を打つのは馬の利きがなくなるため▲3四金までの詰み、△2二同馬もやはり▲3四金（正解図）で詰んでいます。

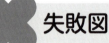

失敗図

問題図では▲4四飛と打ちたくなりますが、これは△3四歩と打たれても詰みませんし、あるいは△2三玉と逃げられても▲3四金△2二玉（失敗図）で届きません。

トドメは飛車打ち！

3かいできたらひふみんシールをはろう！

| チャレンジ1かいめ | チャレンジ2かいめ | チャレンジ3かいめ |

第26問のこたえ

▲3三桂成 △同玉 ▲3四飛まで

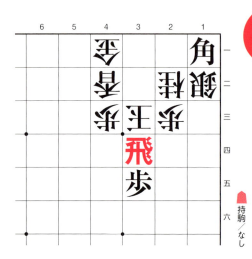

正解図

▲3三桂成が好手。対して玉を引くのは△2二角成までですから、△3三同玉と取りますが、▲3四飛(正解図)で詰みます。△同桂とは取れません。

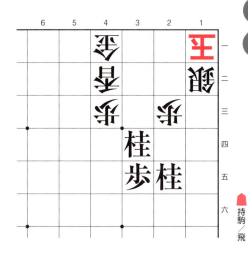

失敗図

問題図から▲2二角成は△同玉▲3四桂に△1一玉(失敗図)で届きません。玉を上に逃がさないのは大切ですが、この問題のように例外もあります。

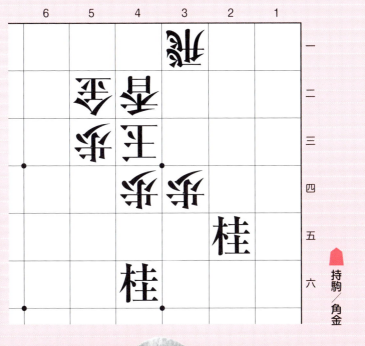

3三金を実現するためには？

3かいできたらひふみんシールをはろう！

チャレンジ1かいめ	チャレンジ2かいめ	チャレンジ3かいめ

第27問のこたえ

▲2一角 △同飛 ▲3三金まで

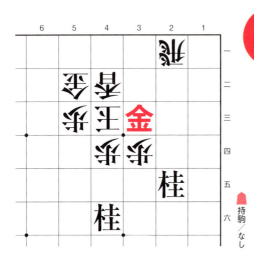

○ 正解図

▲2一角が好手で、△同飛と取らせれば▲3三金（正解図）までとなります。▲2一角に△3二金でもやはり▲3三金までです。△同金とは取れません。

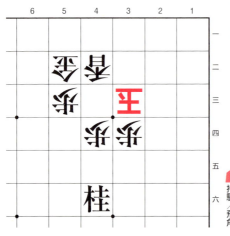

✗ 失敗図

いきなり▲3三金と打つのは△同飛▲同桂成△同玉（失敗図）で、持ち駒に飛角があっても詰みません。失敗図から▲1三飛は△2三歩、▲1一角は△2二歩で続きません。

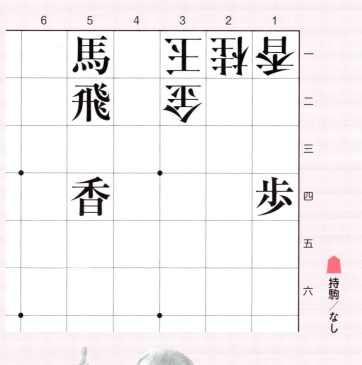

第3章 3手詰めに挑戦！

玉をおびき出しましょう

3かいできたらひふみんシールをはろう！

チャレンジ1かいめ	チャレンジ2かいめ	チャレンジ3かいめ
✓	✓	●

第28問のこたえ

▲4一馬 △同玉 ▲5一飛成まで

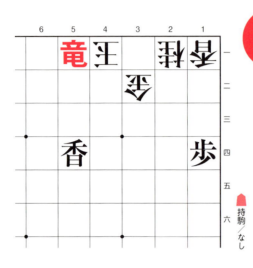

◯ 正解図

▲4一馬が好手。対して△2二玉は▲3二飛成までの駒余りとなりますから、△4一同玉と取りますが、▲5一飛成（正解図）で詰みます。

✕ 失敗図

なお、問題図から▲3二飛成は△同玉（失敗図）と取られて詰みません。▲3三金と打っても、△3一玉なら▲4二馬までですが、△3三同桂と取られてしまいます。

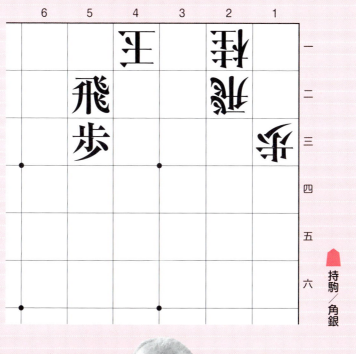

3手目に注意しましょう

3かいできたらひふみんシールをはろう！

チャレンジ1かいめ	チャレンジ2かいめ	チャレンジ3かいめ

第29問のこたえ

▲2三角 △同飛 ▲3二銀まで

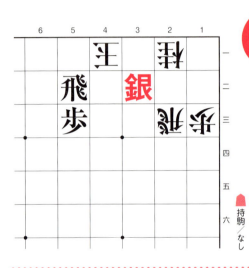

正解図

▲2三角と打つのが詰め将棋らしい捨て駒で、△同飛に▲3二銀（正解図）までとなります。なお▲2三角に△3一玉は▲5一飛成までの駒余りです。

失敗図

3手目に慌てて▲4二銀と打つのは、△3二玉（失敗図）で詰みません。繰り返しになりますが、真横に動けない銀の弱点には注意が必要です。

第30問

持駒／銀

守りの銀を動かしましょう

3かいできたらひふみんシールをはろう！

チャレンジ1かいめ	チャレンジ2かいめ	チャレンジ3かいめ

第30問のこたえ

▲2四銀△同銀▲2二角成まで

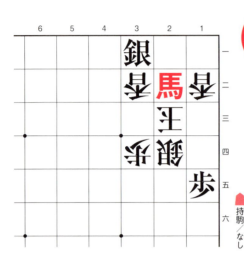

正解図

▲2四銀の捨て駒が好手で、△同銀と取らせて2二を弱くすると同時に、玉の逃げ道もふさぎました。あとは▲2二角成（正解図）までです。

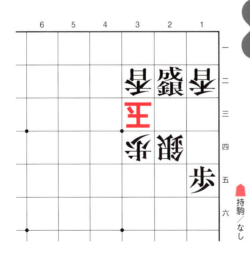

失敗図

最後にうっかり▲2二銀成では△3三玉（失敗図）で、詰まなくなります。成銀は金の動きになりますが、金の弱点は斜め後ろに動けないこと。それが出てしまいました。

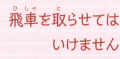

飛車を取らせてはいけません

3かいできたらひふみんシールをはろう！

チャレンジ1かいめ	チャレンジ2かいめ	チャレンジ3かいめ

第31問のこたえ

▲1三角△同玉▲3三飛成まで

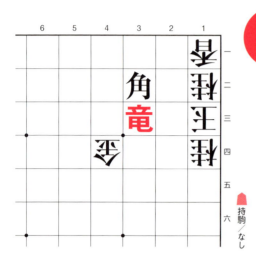

▲1三角がうまい捨て駒で、△同玉の一手に▲3三飛成（正解図）までの詰みです。2三へ合い駒を打つのは▲同竜までの無駄合いとなります。

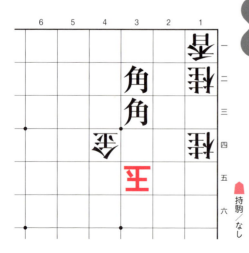

3五の飛車を取らせてはまったく詰まなくなります。ですから▲3三角では△3五玉（失敗図）でダメ。▲1三角がもったいないようでも、3五の飛車を取らせない好手でした。

飛車を1枚捨てましょう

3かいできたらひふみんシールをはろう！

| チャレンジ1かいめ | | チャレンジ2かいめ | | チャレンジ3かいめ | |

第32問のこたえ

▲4一飛成△同玉▲5一飛成まで

正解図

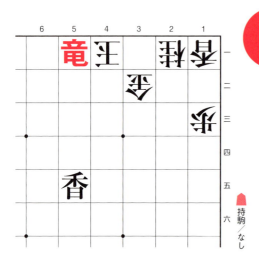

第28問と似ていますね。▲4一飛成が好手で△2二玉は▲3二竜までの駒余りですから、△4一同玉と取りますが▲5一飛成（正解図）までです。

失敗図

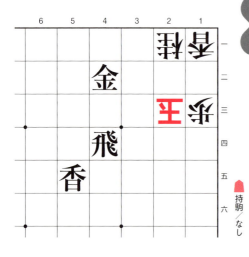

なお、問題図で▲3二飛成は△同玉▲4二金△2三玉（失敗図）で詰みません。金を取らずにただで飛車を捨てる▲4一飛成が玉を引っ張りだす好手です。

第33問

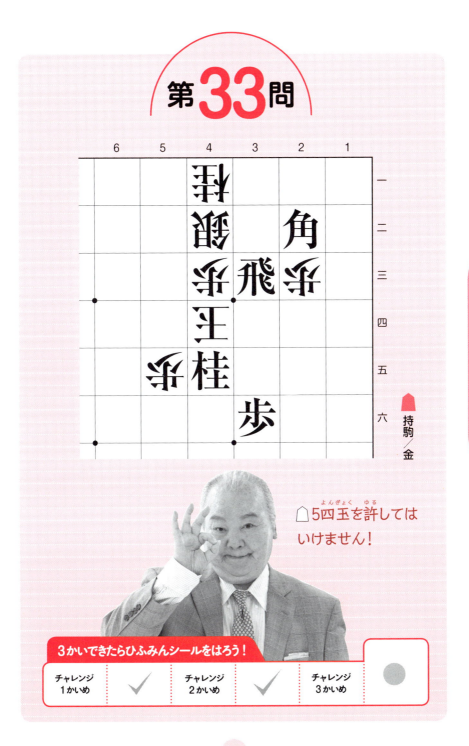

第3章 3手詰めに挑戦！

5四玉を許してはいけません！

3かいできたらひふみんシールをはろう！

| チャレンジ1かいめ | ✓ | チャレンジ2かいめ | ✓ | チャレンジ3かいめ | ● |

第33問のこたえ

▲3四飛成 △同玉 ▲3五金まで

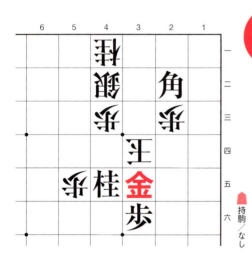

○ 正解図

△5四玉を許さない▲3四飛成が好手で、5筋には逃げられませんから△同玉と取りますが、▲3五金（正解図）までとなります。玉を逃がさない飛車の成り捨てでした。

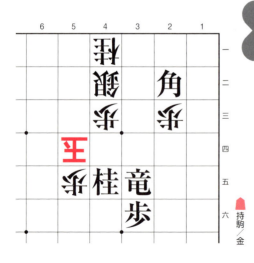

✕ 失敗図

問題図ではつい▲3五飛成と指したくなりますが、△5四玉（失敗図）と逃げられて詰まなくなります。こうなると玉が広く、金1枚の持ち駒ではまったく捕まりません。

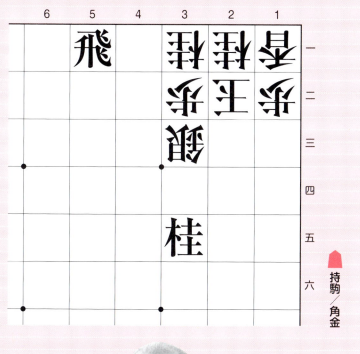

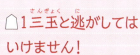
1三玉と逃がしてはいけません！

第34問のこたえ

▲2三金 △同桂 ▲3一角 まで

  正解図

多くの駒に守られた玉に見えますが、▲2三金の捨て駒が急所です。△同桂の一手に▲3一角（正解図）と打てば、△1三玉とは逃げられず詰んでいます。

✖ 失敗図

なお初手に▲3一飛成は△同玉と取られ、▲4三桂打としても△4二玉（失敗図）で捕まりません。5一の飛車は▲3一角を支える大事な駒です。

第35問

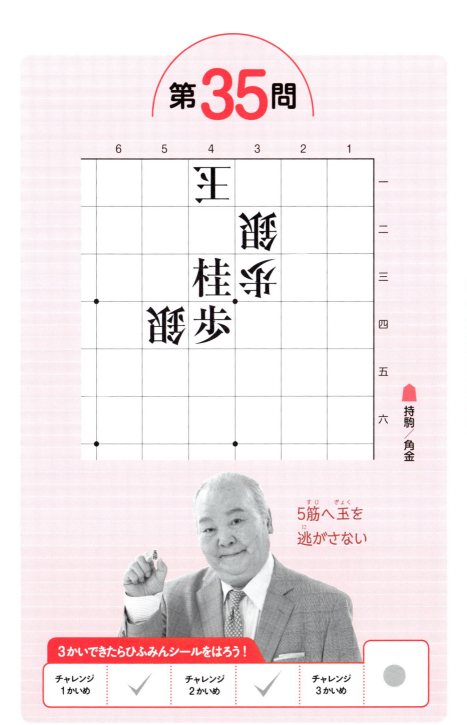

5筋へ玉を逃がさない

第35問のこたえ

▲5一金 △4二玉 ▲3一角 まで

正解図

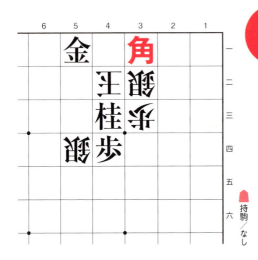

2つある桂馬の利きのどちらに駒を打つかですが、▲5一金が正解で、△4二玉に▲3一角（正解図）までの詰みとなります。

失敗図

同じようでも初手に▲3一金と打つのは、△5二玉（失敗図）と逃げられて、玉が広く詰みません。逃がしてはいけないほうから駒を打って、狭いほうに追い詰めましょう。

第36問

持駒／金

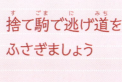

捨て駒で逃げ道をふさぎましょう

第36問のこたえ

▲1三金 △同桂 ▲2一飛成まで

正解図

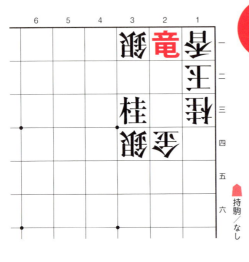

▲1三金がうまい捨て駒で、△同桂と取らせることで逃げ道をふさぎます。あとは▲2一飛成（正解図）までです。この竜を取ることも、玉を逃げることもできません。

失敗図

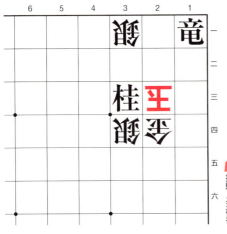

つい▲2一飛成と指したくなりますが、△1三玉と逃げられて、▲1一竜と香を取っても、△2三玉（失敗図）で詰みません。以下、▲2一竜も△2二銀で続きません。

第37問

持駒/飛

飛車を成る前に!

3かいできたらひふみんシールをはろう!

| チャレンジ 1かいめ | | チャレンジ 2かいめ | | チャレンジ 3かいめ | |

第37問のこたえ

▲3一飛 △同玉 ▲4一飛成まで

 正解図

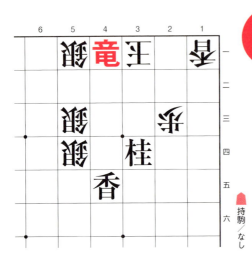

初手に▲4二飛打は△同銀上▲同飛成△同銀▲同香成△3三玉で詰みません。▲3一飛が駒を惜しまない好手で、△同玉に▲4一飛成（正解図）の詰みです。

 失敗図

初手に▲4一飛成は△3三玉とされ、以下▲3二飛も△2四玉（失敗図）と逃げられてしまいます。これは広い上のほうに玉を逃がす、一番まずい攻めかたです。

第38問

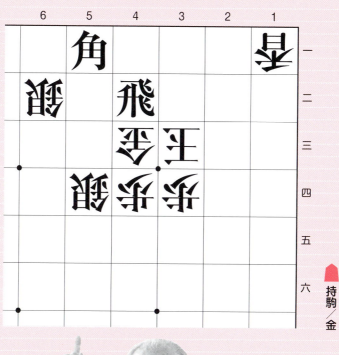

持駒／金

トドメの金打ちを考えましょう

第３章　３手詰めに挑戦！

３かいできたらひふみんシールをはろう！

チャレンジ1かいめ	チャレンジ2かいめ	チャレンジ3かいめ

第38問のこたえ

▲1二飛成 △5一銀 ▲2三金まで

 正解図

▲1二飛成が好手。角の王手ですから△5一銀と取りますが、▲2三金（正解図）までの詰みです。なお△5一銀で4二へ合い駒を打っても、▲2三金です。

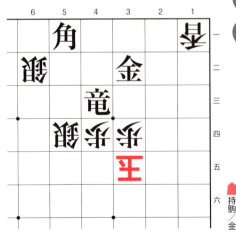 **失敗図**

いきなり▲3二金と打つのは△2四玉と逃げられて、以下▲4三飛成でも△3五玉（失敗図）で詰みません。また初手に▲4三飛成も△同玉で金2枚の持ち駒では詰みません。

第39問

持駒／金

飛車の利きを生かしましょう

3かいできたらひふみんシールをはろう！

| チャレンジ 1かいめ | | チャレンジ 2かいめ | | チャレンジ 3かいめ | |

第39問のこたえ

▲4一飛成△同玉▲4二金まで

正解図

▲4一飛成がもう一枚の飛車の利きを生かす捨て駒で、△同玉に▲4二金(正解図)までとなります。1一に飛がいるので△4二同銀とは取れません。

失敗図

初手▲6二飛成は△4三玉と逃げられます。また、▲4二金と打つのは△同銀▲同歩成△同玉▲4一飛右成△5三玉(失敗図)で、詰みません。

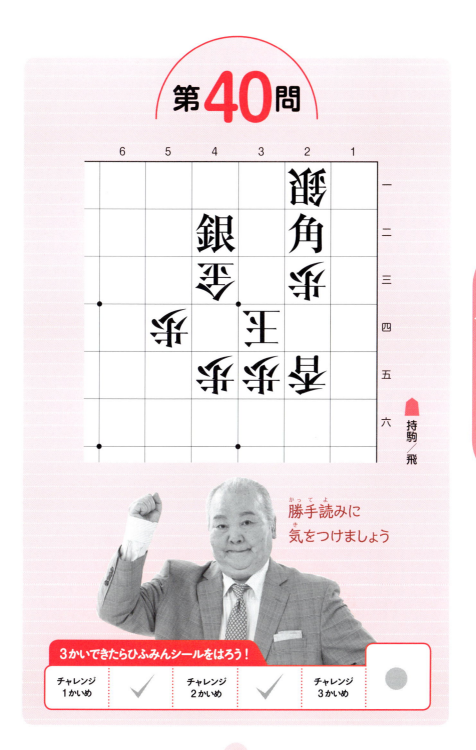

第40問のこたえ

▲4四飛 △同金 ▲3三角成まで

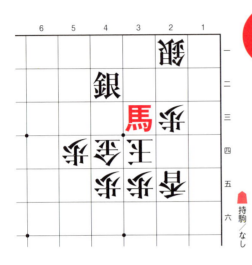

○ 正解図

△2四玉を許さないため、▲4四飛と横の利きを生かして打ちます。△同金の一手ですが、▲3三角成（正解図）までの詰みです。慌てて▲3三銀成は△2四玉と逃げられます。

 失敗図

問題図から▲3三飛に、△同金に▲同角成までの詰みとするのは勝手読みというもの。△3三同金とは取ってくれず、△2四玉（失敗図）と逃げられて詰みません。

ここまで、よく頑張りましたね！

　3手詰めを何度も解いていくことで、「相手はこうやる」を考えるようになればしめたもの。こうなれば5手や7手などの、長い問題も解くことができるようになります。相手の立場を考える、という基本は長い詰め将棋でも変わりませんからね。

　1手詰めのときと同じように、3回解けたら、私のシールを貼ってください。これができれば、詰め将棋の中級は卒業です。さらに5手詰めへ進むのもいいですし、ここまできたら、対戦相手のいる本将棋でもうまくやれるはずです。

　この本で将棋を一生続けられるほど好きになってもらえたら、これほど嬉しいことはありません。

　いつか、どこかであなたと将棋を指せる日がくるのを、楽しみにしています。

新聞と将棋の関係

　ここまでの詰め将棋を解いた皆さんは、将棋がより強くなっていることと思います。では、さらに強くなるためにはどうすればいいか。いろいろなやりかたがありますが、1つおすすめしたいことは、新聞の将棋欄を読むことです。
　日本では数多くの新聞が発行されていますが、そのほとんどに将棋の記事（「観戦記」と言います）が載っています。トッププロからアマチュアの将棋まで、新聞によってさまざまです。詰め将棋の問題が載っている場合もあります。
　観戦記を読むと、なぜ強くなるのか。それは観戦記の続きを考えることで、棋力が上がるからです。観戦記は1局の将棋を数日にわたって掲載しますが、それぞれ、ポイントのある局面に分かれています。そのポイントを考えることが大事なのです。考えた次の日には、答えが載っています。毎日の新聞を読むことで、続ける力も身につきます。
　写真は、明治時代の新聞に初めて掲載された詰め将棋。このころから、新聞と将棋は切っても切れない関係でした。

有喜世新聞　明治14年7月17日付

あいうえお順・将棋の用語集

あ行

合い駒
飛・角・香で王手をされたときに、玉とその駒の間に駒を打って防ぐこと。

悪手
その手を指したことで、自分の形勢が悪くなる手。

頭金
相手玉の頭（図面でみると玉の下）に自分の金がある状態。この形で詰むことが多い。

居玉
先手なら５九、後手なら５一という初形からまったく玉が動いていない状態。

打ち歩詰め
王手に歩を打った瞬間に、相手の玉が詰むこと。反則となる。

打つ
自分の持ち駒を空いているマス目に置くこと。

王手
次に玉を取れる状態のこと。王手をされたら防ぐ必要がある。

大駒
飛車と角行のこと。

か行

利き
駒が動ける場所。「そこには飛車が利いている」のように使う。

棋士
将棋を指すことを仕事にしている人々。私・加藤一二三も棋士です。

棋戦
棋士同士が仕事で将棋を戦っている舞台。竜王戦や名人戦、順位戦などの名前がつき、トーナメントやリーグなどいろいろな制度がある。

棋譜
将棋を指した時に最初から最後までどのように駒を進めたかを記録したもの。

級位者
アマチュアでは初段になると一人前とされるが、それを目指す初心者（駒の動かし方を覚えると10級と言われる）から1級までの方々を指している。

局面
ある将棋の盤面。またその勝負の形勢をいうこともある。

禁じ手
指してはいけない手。反則。

好手
その手を指したことで、自らの形勢がよくなる手。

小駒
金将、銀将、桂馬、香車、歩兵のこと。なお玉は大駒とも小駒とも言わない。

後手
対局で2手目から偶数番を持つ側。野球の後攻のようなもの。

さ行

指す
①盤上の駒を動かすこと。②将棋をすること。囲碁をする場合は「打つ」と言う。

指し手
将棋の駒を進める方法。

邪魔駒
あるマスに駒を動かしたいが、先にそのマスにあるためにそこへ動かせず、味方の邪魔をしている駒。

守備駒
①玉を守る駒。②相手の攻めに備えている駒。

自陣
将棋盤を自らの側からみて、下側の三段分、合計27マスのこと。

筋
将棋盤の縦9マス。右から1筋、2筋〜以下9筋まで。

攻め方
詰め将棋で玉を詰ませる側。詰め将棋では攻め方の側から将棋盤を見る。

先手
対局で1手目から奇数番を持つ側。野球の先攻のようなもの。

た行

タイトル戦
棋戦の中で最上級のもの。予選を勝ち上がった棋士と、前年にそのタイトルを持っていた棋士と七番勝負あるいは五番勝負で戦い、勝った人がそのタイトルを得る。

段
将棋盤の横9マス。上から一段、二段〜以下九段まで。

中段
将棋盤の真ん中、四〜六段の27マス。

突く
歩を一つ前に進めること。盤上の歩を動かすときの慣用句。

突き歩詰め
盤上の歩を進めて王手をかけ、相手の玉を詰ますこと。

詰み
王手がかかった玉が、次にどう指しても取られてしまうこと。将棋は玉を「詰ます」ゲーム。

敵陣
将棋盤を自分の側からみて、上側の三段分、合計27マスのこと。

手番
自分側が駒を動かす番。

同○○
直前に駒が動かされた升目に駒を進めるときの表記。同歩、同角成のように表す。

投了
これ以上指しても勝ち目がないと考えた時、自分の負けを認めること。

と金
歩が敵陣に入って成った状態。動き方は金と同じ。

な行

不成
成れる駒を成らなかったときの動き。「▲2二角不成」のように記す。

成香

香が敵陣に入って成った状態。動き方は金と同じ。

成銀

銀が敵陣に入って成った状態。動き方は金と同じ。

成桂

桂が敵陣に入って成った状態。動き方は金と同じ。

成る

駒が敵陣に入った時に、駒を裏返すこと。動き方がパワーアップする。

二手指し

自分が指した後、相手が指していないのにもう一度指してしまう。反則。

二歩

縦の同じ筋に自分の歩が二枚ある状態。二歩を打つのは反則。

は行

端

将棋盤の端っこ、1筋と9筋のこと。一段と九段は端とは言わない。

振り駒

将棋の対局をどちらの手番で始めるかを決める方法。片方の側の歩を5枚とり、それを散らばして、表が3枚以上出たら、振った側の先手、裏（と金の側）が3枚以上ならば相手側の手番。

ま行

待った

ある手を指したあと、その指し手を戻して別の手を指すこと。プロでは反則で、アマチュアでもマナー違反。

無駄合い

打った瞬間に取られて、詰みが解除できない合い駒のこと。詰め将棋でこれをやるとルール違反。

持ち駒

相手側から取った駒。自分の手番なら空いているマス目に打つことができる。

や行

寄せ

将棋の対局がある程度進み、お互いの玉をどう詰ますかということ。「相手玉をどう寄せるか」などと使う。

余詰め

詰め将棋で本来の正解手順以外でも詰む順ができてしまったもの。作品としては不完全とされる。

読み

指す手順を先々まで見通すこと。

ら行

竜王

飛が敵陣に入って成った状態。動き方は飛プラス斜め四方に1マスずつ。

竜馬

角が敵陣に入って成った状態。動き方は角プラス縦横四方に1マスずつ。

両王手

2つの駒で同時に王手がかかること。片方の駒を取っても意味がないので、両王手を防ぐには玉を逃げるしかない。

両取り

1つの駒の利きが、相手の駒の2つに利いている状態を指す。

著者紹介

加藤一二三

1940年福岡県生まれ。早稲田大学中退。54年、当時の史上最年少記録となる14歳7か月で四段に昇段してから、2017年6月20日の引退まで、62年10か月にわたりプロ棋士として活躍した。通算成績は2505戦1324勝1180敗1持将棋。現役引退時点で、勝利数は歴代3位、対局数と敗戦数は歴代1位。名人（1期）、十段（3期）、王位（1期）、棋王（2期）、王将（1期）と5つのタイトルを計8期獲得した。17年1月には、史上最高齢となる77歳0か月での勝利。将棋界で6人目（当時）となる紫綬褒章を受章。ローマ法王、ヨハネ・パウロ2世から聖シルベストロ教皇騎士団勲章を受章。2018年、旭日小綬章受章。「ひふみん」の愛称でテレビのバラエティー番組など多くのメディアに出演。17年、仙台白百合女子大学客員教授に就任した。本書が、初の子ども向け詰め将棋本となる。

ツイッターアカウント＠hifumikato

ひふみんのワクワク子ども詰め将棋
1手詰め＋3手詰め

2018年9月30日　初版第1刷発行

著　者——加藤一二三
発行者——小山隆之
発行所——株式会社実務教育出版
　　　　　〒163-8671 東京都新宿区新宿1-1-12
　　　　　http://www.jitsumu.co.jp
　　　　　電話 03-3355-1812（編集）03-3355-1951（販売）
　　　　　振替 00160-0-78270

編　集——小谷俊介（実務教育出版）
編集協力——相崎修司
ブックデザイン——株式会社志岐デザイン事務所
　　　　　　　　　　（古屋真樹、奥田陽子）
撮　影——佐々木宏幸
イラスト——都愛ともか
将棋盤提供——青山碁盤店
校正・校閲——株式会社鷗来堂
印刷・製本——図書印刷株式会社

©Hifumi Kato 2018 Printed in Japan
ISBN978-4-7889-1480-3 C2076
乱丁・落丁は本社にてお取替えいたします。
本書の無断転載・無断複製（コピー）を禁じます。